U0744188

职业教育财经类专业新课改精品教材系列丛书

成本会计习题集

（第2版）

主　编　林云刚

副主编　罗映娜

电子工业出版社

Publishing House of Electronics Industry

北京·BEIJING

<h2 style="text-align:center">内 容 简 介</h2>

本书是《成本会计》（第2版）的配套习题集。本书按《成本会计》（第2版）的体系和内容编写，题型包括单选题、多选题、判断题和实务操作题。实务操作题选用了与实际成本核算岗位比较接近的典型案例，用企业经常发生的、真实的经济业务，以帮助学习者增加感性认知，为今后胜任成本核算工作奠定良好的基础。

本书可作为《成本会计》（第2版）的配套教学用书，也可供在职会计人员岗位培训、自学进修、业务学习使用。

图书在版编目（CIP）数据

成本会计习题集 / 林云刚主编. —2 版. —北京：电子工业出版社，2021.8
ISBN 978-7-121-33352-1

Ⅰ. ①成⋯ Ⅱ. ①林⋯ Ⅲ. ①成本会计－中等专业学校－习题集 Ⅳ. ①F234.2-44

中国版本图书馆 CIP 数据核字（2021）第 173596 号

责任编辑：徐 玲

印　　刷：涿州市般润文化传播有限公司
装　　订：涿州市般润文化传播有限公司
出版发行：电子工业出版社
　　　　　北京市海淀区万寿路 173 信箱　邮编　100036
开　　本：787×1 092　1/16　印张：6.5　字数：163.2 千字
版　　次：2014 年 5 月第 1 版
　　　　　2021 年 8 月第 2 版
印　　次：2025 年 8 月第 8 次印刷
定　　价：19.00 元

凡所购买电子工业出版社图书有缺损问题，请向购买书店调换。若书店售缺，请与本社发行部联系，联系及邮购电话：（010）88254888，88258888。

质量投诉请发邮件至 zlts@phei.com.cn，盗版侵权举报请发邮件至 dbqq@phei.com.cn。

本书咨询联系方式：xuling@phei.com.cn。

前　言

为配合中等职业教育会计专业"成本会计"课程的教学,使学生更好地认知和理解成本核算岗位的基本理论、方法和操作技能,我们编写了本书。

本书按《成本会计》(第 2 版)的体系和内容编写,题型包括单选题、多选题、判断题和实务操作题。其中,实务操作题选用了与实际成本核算岗位比较接近的典型案例,用企业经常发生的、真实的经济业务,以帮助学习者增加感性认知,为今后胜任成本核算工作奠定良好的基础。

本书由无锡城市职业技术学院林云刚担任主编,广州市增城区东方职业技术学校罗映娜担任副主编,具体分工为:项目一~项目四由林云刚编写,项目五~项目九由罗映娜编写。

由于编者水平有限,书中不足之处,恳请读者批评指正。

编　者

2021 年 5 月

目 录

项目一

走进成本会计

一、单选题（每题只有一个正确答案）

1. 下列应计入成本的项目是（　　）。
   A. 生产对环境的损害费　　　　　　B. 职工薪酬开支
   C. 工厂周边的农田污染费　　　　　D. 企业与供应商签订的合同

2. 成本会计的基本职能是（　　）。
   A. 成本控制　　B. 成本核算　　C. 成本考核　　D. 成本分析

3. 下列不属于产品成本项目的是（　　）。
   A. 直接材料　　　　　　　　　　　B. 直接人工
   C. 制造费用　　　　　　　　　　　D. 总经理的月工资

4. 成本会计最基本的任务和中心环节是（　　）。
   A. 进行成本预测，编制成本计划
   B. 审核和控制各项费用的支出
   C. 参与企业的生产经营决策
   D. 进行成本核算，提供实际成本的核算资料成本

5. 制造业成本会计的对象是（　　）。
   A. 生产成本　　　　　　　　　　　B. 期间费用
   C. 非常损失　　　　　　　　　　　D. 生产成本和期间费用

6. 下列各项中，属于产品生产成本项目的是（　　）。
   A. 外购动力费用　　B. 制造费用　　C. 工资费用　　D. 折旧费用

7. 制造业中最基本的费用分类标准是（　　）。

    A. 按与产品产量的关系分类　　　　　B. 按经济内容分类

    C. 按与生产工艺的关系分类　　　　　D. 按经济用途分类

8. 下列费用中，属于期间费用的是（　　）。

    A. 燃料和动力费　　B. 废品损失费　　C. 业务招待费　　D. 制造费用

9. 下列应计入"管理费用"的是（　　）。

    A. 银行借款的利息支出　　　　　　　B. 银行存款的利息收入

    C. 企业的技术开发费　　　　　　　　D. 车间管理人员的工资

10. 下列各项中，可以计入产品生产成本的是（　　）。

    A. 固定资产盘亏损失　　　　　　　　B. 固定资产提前报废损失

    C. 季节性停工损失　　　　　　　　　D. 存货自然灾害损失

11. 下列各项中，属于工业企业费用要素的是（　　）。

    A. 工资及福利费　　　　　　　　　　B. 燃料及动力

    C. 工资费用　　　　　　　　　　　　D. 原材料

12. 下列支出中，属于资本性支出的是（　　）。

    A. 支付本期照明用电费　　　　　　　B. 购入印花税票

    C. 支付利息费用　　　　　　　　　　D. 购入无形资产

13. 下列费用中，应计入产品成本的是（　　）。

    A. 管理费用　　　B. 财务费用　　　C. 制造费用　　　D. 销售费用

14. 用来核算企业生产产品而发生的各项间接费用的账户是（　　）。

    A. "管理费用"　　　　　　　　　　　B. "财务费用"

    C. "基本生产成本"　　　　　　　　　D. "制造费用"

15. 下列属于间接成本项目的是（　　）。

    A. 制造费用　　　B. 直接材料　　　C. 直接人工　　　D. 管理费用

16. 企业为生产产品而耗费的原料费用是（　　）。

    A. 直接生产费用　　　　　　　　　　B. 间接生产费用

    C. 直接计入费用　　　　　　　　　　D. 间接计入费用

17. 下列各项中，属于间接生产费用的是（　　）。

    A. 生产工人工资　　　　　　　　　　B. 机器设备耗用电费

    C. 机器设备折旧费　　　　　　　　　D. 车间厂房折旧费

18. 下列不得列入产品成本项目的是（　　　）。

    A. 在公积金中开支的支出   B. 生产用固定资产折旧费

    C. 生产单位修理期间停工损失   D. 车间职工薪酬

19. 为了保证按每个成本计算对象正确地归集应负担的费用，必须将应由本期产品负担的生产费用正确地在（　　　）。

    A. 各种产品之间进行分配

    B. 完工产品和在产品之间进行分配

    C. 盈利产品和亏损产品之间进行分配

    D. 可比产品与不可比产品之间进行分配

20. 为了正确计算产品成本，可以不进行费用界限划分的项目是（　　　）。

    A. 各个月份的费用界限   B. 营业费用和管理费用的界限

    C. 各种产品的费用界限   D. 生产费用与期间费用的界限

二、多选题（每题有两个或两个以上正确答案）

1. 为了正确计算产品成本，必须正确划分以下几个方面的费用界限（　　　）。

    A. 完工产品与在产品   B. 可比产品和不可比产品

    C. 生产费用与期间费用   D. 各个会计期间

2. 属于直接生产费用的是（　　　）。

    A. 生产工人计时工资   B. 生产工人计件工资

    C. 车间机器设备折旧费用   D. 车间厂房折旧费用

3. 下列属于产品成本项目的有（　　　）。

    A. 直接材料   B. 直接人工   C. 制造费用   D. 燃料及动力

4. 制造业成本会计的对象是（　　　）。

    A. 生产成本   B. 期间费用   C. 非常损失   D. 短期投资支出

5. 成本会计的职能有（　　　）。

    A. 成本预测和成本决策   B. 成本计划和成本控制

    C. 成本考核和成本分析   D. 成本核算

6. 生产费用按经济内容分类的项目有（　　　）。

    A. 直接材料   B. 外购动力费   C. 折旧费   D. 其他支出

7. 要素费用中的工资费用，可能计入的会计科目有（　　　）。

    A. "制造费用" B. "销售费用" C. "财务费用" D. "生产成本"

8. 构成产品成本项目的费用有（　　）。

    A. 期间费用　　　B. 直接材料　　　C. 直接人工　　　D. 制造费用

9. 下列费用中，属于期间费用的是（　　）。

    A. 销售费用　　　B. 管理费用　　　C. 财务费用　　　D. 制造费用

10. 要素费用中的税金有（　　）。

    A. 房产税　　　B. 印花税　　　C. 车船使用税　　D. 增值税

11. 要素费用中的外购材料费用，可能计入（　　）成本项目中。

    A. "直接材料" B. "直接人工"　　C. "制造费用"　　D. "废品损失"

12. 下列各项中，应计入产品成本的费用有（　　）。

    A. 车间办公费　　　　　　　　　B. 车间设计制图费

    C. 在产品的盘亏损失　　　　　　D. 行政管理人员工资

13. 属于工业企业成本核算使用的会计账户有（　　）。

    A. "生产成本——基本生产成本"　　B. "生产成本——辅助生产成本"

    C. "制造费用"　　　　　　　　　　D. "营业外支出"

14. 产品成本项目中的直接材料项目，包括直接用于产品生产的（　　）。

    A. 原料　　　B. 主要材料　　　C. 辅助材料　　　D. 修理用备件

15. 费用按与产品生产工艺的关系不同可分为（　　）

    A. 直接生产费用　　　　　　　　B. 间接生产费用

    C. 直接计入费用　　　　　　　　D. 间接计入费用

三、判断题（正确的请在题括号内打上"√"，错误的打上"×"）

（　　）1. 成本是为实现一定目的而发生的耗费，是对象化的耗费。

（　　）2. 产品成本是与一定会计期间相联系的费用，而生产费用是为了生产一定种类和数量的产品或劳务而发生的耗费。

（　　）3. 产品成本项目只包括直接材料、直接人工和制造费用三个成本项目。

（　　）4. 制造业成本会计的对象是生产成本和期间费用。

（　　）5. 生产费用和产品成本都是产品生产过程中发生的生产耗费，因此，一定期间发生的生产费用就是该时期所发生的一定种类和数量的产品成本。

（　　）6. 成本会计的任务是为企业经营管理提供必要的信息、降低成本和提高经济效益。

（　　）7. 凡是直接生产费用都应设置专门的成本项目。

（　　）8. 如果将资本性支出列为收益性支出，就会少列资产而多计成本费用，从而少计当期利润；反之，则必然虚增资产而少计成本费用，导致利润虚增。

（　　）9. 计入产品成本的生产费用按计入产品成本的方式不同，可分为直接费用和期间费用。

（　　）10. 企业必须正确划分产品生产成本与期间费用的界限，不得在产品生产成本与期间费用之间任意调节、转移。

（　　）11. 虽然期间费用不计入产品成本，但它与产品有着密切的联系，也是成本会计反映和监督的内容。

（　　）12. 直接生产费用一定直接计入生产费用，间接生产费用一定间接计入生产费用。

（　　）13. 企业为购置固定资产、无形资产和其他资产的支出，不应计入产品成本。

（　　）14. 进行产品成本核算时必须划分完工产品和月末在产品的费用界限。

（　　）15. 制造费用和管理费用均应作为期间费用处理，不计入产品成本。

（　　）16. 生产费用按经济内容分类是最基本的分类。

（　　）17. 费用界限的划分，应贯彻受益原则，即谁受益谁负担费用，何时受益何时负担费用。

（　　）18. 直接生产费用都是直接费用。

（　　）19. 外购材料和直接材料是生产费用按不同的标准分类的结果，二者实质相同，但具体内容不同。

（　　）20. 车间生产多种产品所发生的直接材料费、直接人工费一定是直接费用，制造费用一定是间接费用。

四、实务操作题

【案例一】江旭有限责任公司于 2021 年 7 月承接 10 架机车专用连接器产品的生产任务。当月领用直接材料 2 次，金额分别为 25 000 元和 53 000 元；5 名生产工人连续加工该产品 15 天，产品当月全部完工。5 名工人得到的工资分别是 2 200 元、2 300元、2 350 元、2 500 元和 2 550 元；该公司当月制造费用共发生 35 000 元；该公司本月发生管理费用 42 000 元、销售费用 3 000 元、财务费用 1 500 元。

要求：（1）计算该公司本月发生的费用是多少？

（2）该公司本月发生的直接材料、直接人工、制造费用和期间费用分别是多少？

（3）该公司本月发生的产品成本是多少？

【案例二】2021 年 8 月，江旭有限责任公司在企业经营中发生下列经济业务：发生直接材料费 85 000 元；职工薪酬支出 35 000 元；制造费用 15 000 元；管理费用 22 000 元；销售费用 5 000 元；财务费用 2 500 元；短期投资支出 95 000 元；长期股权投资支出 150 000 元；长期债权投资支出 250 000 元；企业支付的各项罚款、违约金 5 000 元；向希望小学提供赞助款 10 000 元；发生非常损失 2 000 元。

要求：请分析以上哪些项目应列入该公司当月的成本对象？为什么？

【案例三】2021年9月,江旭有限责任公司承接某电厂风力发电机叶片2 000套,假设当月月初没有在产品,共消耗钢材500吨,每吨的价格为3 000元;油漆200组,每组单价500元;焊条10箱,每箱500元;生产工人薪酬共计50 000元;机器和车间用房折旧费5 000元。另外,生产过程中共消耗电力15 000度,照明等其他用电200度,每度电1元;月末该公司生产的风力发电机叶片2 000套全部完工,验收合格后,以每套1 500元的价格在月末全部交付电厂,同时收到电厂汇来的货款,存入银行。企业为组织当月产品生产活动,支付行政管理人员薪酬和各项管理性开支共计15 000元;为筹集生产用资金承担借款利息2 000元;为销售该批产品发生运输费、装卸费和保险费共计20 000元。

要求:(1)计算该公司当月发的直接材料、直接人工和制造费用分别是多少?

(2)该公司当月发生的成本费用(产品成本总额)是多少?

(3)该公司当月发生的销售费用、管理费用和财务费用分别是多少?

(4)该公司当月发生的期间费用是多少?

【案例四】2021 年 9 月，江旭有限责任公司承接某电厂风力发电机叶片 2 000 套，假设当月月初没有在产品，共消耗钢材 500 吨，每吨为价格为 3 000 元；油漆 200 组，每组单价 500 元；焊条 10 箱，每箱 500 元；生产工人薪酬共计 50 000 元；机器和车间用房折旧费 5 000 元。另外，生产过程中共消耗电力 15 000 度，照明等其他用电 200 度，每度电 1 元；月末该公司生产的风力发电机叶片 2 000 套全部完工，验收合格后，以每套 1 500 元的价格在月末全部交付电厂，同时收到电厂汇来的货款，存入银行。企业为组织当月产品生产活动，支付行政管理人员薪酬和各项管理性开支共计 15 000 元；为筹集生产用资金承担借款利息 2 000 元；为销售该批产品发生运输费、装卸费和保险费共计 20 000 元。

要求：（1）根据上述资料，请独立勾画出成本核算的一般程序。

（2）完成产品成本计算单的填制（见表 1-1）。

表 1-1　产品成本计算单

车间：××基本生产车间　　　　　　产品：　　　　　产量：　　套　　　　单位：元

月	日	摘要	直接材料	直接人工	制造费用	合计
		月初在产品成本				
		本月生产费用				
		合计				
		结转完工产品成本				
		完工产品单位成本				
		月末在产品成本				

项目二

要素费用的归集和分配

一、单选题（每题只有一个正确答案）

1. 计入产品成本的费用是（　　）。

    A. 管理费用　　　B. 财务费用　　　C. 销售费用　　　D. 生产成本

2. 生产所剩余料应编制（　　），据以退回仓库。

    A. 领料单　　　B. 出库单　　　C. 退料单　　　D. 累计发料单

3. 对于直接用于产品生产、专门设有成本项目的费用，应单独计入（　　）账户。

    A. "生产成本"　　B. "制造费用"　　C. "管理费用"　　D. "销售费用"

4. 月末车间已领未用，但本月生产还需要的材料，应办理（　　）手续，冲减本月的生产费用。

    A. 假退料　　　B. 退库　　　C. 重新领用　　　D. 计入成本

5. 下列不属于"周转材料"科目核算的是（　　）。

    A. 出租包装物　　　　　　　　B. 生产领用包装物

    C. 计划中未列为商品产品的包装物　　D. 包装材料

6. 外购动力费支付时应借记（　　）账户。

    A. "制造费用"　　　　　　　B. "应付账款"

    C. "基本生产成本"　　　　　　D. "银行存款"

7. 下列项目中，不计提折旧的是（　　）。

    A. 未使用的房屋　　　　　　　B. 当月减少的固定资产

    C. 以经营租赁方式租入的固定资产　　D. 在用设备

8. 制造费用（　　）。

    A．都直接计入费用

    B．都间接计入费用

    C．都是间接生产费用

    D．既包括间接生产费用，又包括直接生产费用

9. 下列各项中，属于产品生产成本项目的是（　　）。

    A．外购动力　　　B．制造费用　　　C．职工薪酬　　D．折旧费

10. 下列各项中，属于直接计入成本的是（　　）。

    A．几种产品负担的制造费用　　　　B．几种产品共同耗用的直接材料

    C．一种产品耗用的生产工人工资　　D．机器设备折旧费

11. 为了及时、正确地计算产品成本，企业应做好的各项基础工作中不包括（　　）。

    A．选择适当的成本计算方法

    B．材料物资的计量、收发、领退和盘点

    C．做好各项原始记录工作

    D．定额的制订和修订

12. 为了保证每个成本计算对象正确地归集应负担的耗费，必须将应由本期产品负担的生产成本正确地在（　　）。

    A．各种产品之间进行分配

    B．完工产品和在产品之间进行分配

    C．盈利与亏损产品之间进行分配

    D．产品成本与期间费用之间进行分配

13. 下列各项中，不计入产品成本的耗费是（　　）。

    A．直接材料　　　　　　　　　　B．车间管理人员工资

    C．生产设备折旧费　　　　　　　D．厂部办公楼折旧费

14. 基本生产车间领用的直接用于产品生产、有助于产品形成的辅助材料，应借记的账户为（　　）。

    A．"辅助生产成本"　　　　　　　B．"制造费用"

    C．"基本生产成本"　　　　　　　D．"原材料"

15. 基本生产车间机物料消耗，应借记的账户是（　　）。

    A．"制造费用"　　　　　　　　　B．"辅助生产成本"

    C．"直接人工"　　　　　　　　　D．"管理费用"

16．直接人工成本是指（　　）。

    A．所有职工的薪酬　　　　　　　　B．直接参加产品生产职工的薪酬

    C．车间管理人员的薪酬　　　　　　D．厂部管理人员的薪酬

17．在企业基本生产成本中，"直接人工"项目不包括（　　）。

    A．直接参加生产的工人的计时工资　　B．生产工人的福利费

    C．直接参加生产的工人的计件工资　　D．企业行政管理人员的薪酬

18．利息费用计入（　　）账户。

    A．"销售费用"　　B．"管理费用"　　C．"制造费用"　　D．"财务费用"

二、多选题（每题有两个或两个以上正确答案）

1．下列各项中，包括在直接材料费用成本项目中的有（　　）。

    A．产品在生产过程中直接消耗的原材料

    B．产品在生产过程中直接消耗的外购半成品

    C．产品在生产过程中直接消耗的自制半成品

    D．产品在销售过程中领用的包装物

2．记录材料消耗数量的原始凭证主要有（　　）等。

    A．领料登记表　　B．退料单　　C．限额领料单　　D．领料单

3．采用实际成本计价组织材料核算时，确定消耗材料价格的方法有（　　）等。

    A．先进先出法　　B．加权平均法　　C．移动平均法　　D．个别计价法

4．材料按计划成本计价进行核算时，应设置的账户有（　　）。

    A．"原材料"　　　　　　　　　　　B．"材料成本差异"

    C．"材料采购"　　　　　　　　　　D．"银行存款"

    E．"应付账款"　　　　　　　　　　F．"应付票据"

5．生产经营过程中领用的材料，按照用途进行归类，生产产品耗用、生产车间耗用、企业行政管理部门耗用，应分别计入（　　）账户。

    A．"销售费用"　　　　　　　　　　B．"制造费用"

    C．"管理费用"　　　　　　　　　　D．"基本生产成本"

6．材料费用的分配标准有（　　）。

    A．产品工时定额　　　　　　　　　B．材料定额费用

    C．材料定额消耗量　　　　　　　　D．产品体积

成本会计习题集（第2版）

7. 外购动力费用的分配方法主要有（　　）等。

    A．定额耗用量比例分配法　　　　　　B．生产工人工时比例分配法

    C．机器工时比例分配法　　　　　　　D．标准产量比例分配法

8. 应付工资主要包括（　　）。

    A．计时工资　　　　　　　　　　　　B．计件工资

    C．各种奖金　　　　　　　　　　　　D．各种补贴及津贴

    E．各种扣款

9. 专设成本项目的生产费用（　　）。

    A．是直接生产费用　　　　　　　　　B．可能直接计入费用

    C．可能间接计入费用　　　　　　　　D．是间接生产费用

10. 计入产品成本的各种工资，按用途不同应分别借记（　　）账户。

    A．"基本生产成本"　　　　　　　　　B．"销售费用"

    C．"制造费用"　　　　　　　　　　　D．"管理费用"

11. 发生下列各项耗费时，可以直接借记"基本生产成本"账户的有（　　）。

    A．车间照明用电费　　　　　　　　　B．构成产品实体的原材料

    C．车间办公费　　　　　　　　　　　D．车间管理人员职工薪酬

    E．车间生产工人职工薪酬

12. 分配材料耗费，贷记"原材料"账户时，对应的借方账户可能有（　　）。

    A．"基本生产成本"　　　　　　　　　B．"制造费用"

    C．"财务费用"　　　　　　　　　　　D．"管理费用"

13. 本月应计提折旧的固定资产是（　　）。

    A．本月减少的固定资产　　　　　　　B．本月增加的固定资产

    C．未使用的房屋和建筑物　　　　　　D．经营租赁租出的固定资产

14. 下列不计提固定资产折旧的是（　　）。

    A．经营租赁租入的固定资产　　　　　B．提前报废的固定资产

    C．停用的固定资产　　　　　　　　　D．未使用的房屋和建筑物

15. 利息费用采用预提办法，每月预提利息费用时的会计分录为（　　）。

    A．借记"管理费用"　　　　　　　　　B．贷记"财务费用"

    C．借记"财务费用"　　　　　　　　　D．贷记"应付利息"

三、判断题（正确的请在括号内打上"√"，错误的打上"×"）

（　　）1. 属于生产几种产品共同耗用的辅助材料，可以直接计入各种产品成本。

（　　）2. 生产几种产品共同耗用的原材料费用，属于间接计入费用。

（　　）3. 各种产品共同耗用的原材料费用，按材料定额消耗量比例分配与按材料定额费用比例分配的计算结果是不相同的。

（　　）4. 产品生产用的低值易耗品摊销额应计入"基本生产成本"账户。

（　　）5. 基本生产车间耗用的机物料，应借记"基本生产成本"账户。

（　　）6. 基本生产车间照明用电费首先计入"制造费用"账户，月末分配计入"基本生产成本"账户。

（　　）7. 车间管理人员职工薪酬计入"管理费用"账户。

（　　）8. 生产人员、车间管理人员的工资及福利费，根据工资费用分配表，应直接计入产品生产成本。

（　　）9. 制造费用和管理费用都是本期发生的耗费，因此均应计入当期损益。

（　　）10. 外购动力费用总额应根据相关的转账凭证贷记"银行存款"账户。

（　　）11. 固定资产折旧费属于产品成本的组成内容，应全部计入产品成本。

（　　）12. 以经营租赁方式租入的设备在月份内应计提固定资产折旧。

（　　）13. 企业的废品损失、季节性和固定资产大修理期间的损失性支出不应计入产品成本。

（　　）14. 月份内增加的固定资产当月不提折旧，月份内减少的固定资产当月照提折旧。

（　　）15. 在采用计件工资时，如果生产多种产品，则应采用一定的分配标准分配工资后再计入各种产品成本明细账的"工资及福利费"项目。

（　　）16. 各种要素费用中的税金，属于产品成本的组成部分。

（　　）17. 要素费用中的税金发生或支付时，应在"应交税费"中列支。

（　　）18. 企业的借款利息费用不应计入产品成本，而应计入"财务费用"账户，全部作为期间费用处理。

（　　）19. "材料成本差异"科目借方反映材料成本的超支差异，贷方反映材料成本的节约差异。

（　　）20. 月末车间已领未用的材料，如果下月生产还需要，应办理"假退料"手续，不能计入本月份的生产费用并由本月产品成本负担。

四、实务操作题

【案例一】甲公司生产 A、B 两种产品。两种产品领用主要材料 9 800 千克，单价 10 元，共计 98 000 元。本月投产的 A 产品为 400 件，B 产品为 200 件。A 产品的材料消耗定额为 40 千克/件，B 产品的材料消耗定额为 60 千克/件。

要求：（1）计算 A、B 两种产品材料定额消耗量。

（2）计算 A、B 两种产品应分配的材料数量。

（3）计算 A、B 两种产品应分配的材料费用。

【案例二】2021 年 10 月，乙公司耗用外购用电 860 000 度，电价 0.4 元/度，款项未付。该公司基本生产车间生产耗电 660 000 度，车间照明耗电 60 000 度，行政管理部门耗电 140 000 度。公司基本生产车间生产 A、B 两种产品，A 产品生产工时为 36 000 小时，B 产品生产工时为 24 000 小时。

要求：（1）按生产工时分配 A、B 产品外购电费。

（2）填制外购动力耗费（电费）分配表（见表 2-1）。

表 2-1　外购动力耗费（电费）分配表

年　月

应借科目		成本或费用项目	直接计入/元	分配计入			合计/元
				机器工时/小时	分配率	分配金额/元	
合计							

【案例三】2021 年 10 月，丙公司基本生产车间大量生产 A、B 两种产品，共发生职工薪酬 12 万元。当月 A 产品的生产工时合计为 20 000 小时，B 产品的生产工时合计为 30 000 小时。

要求：（1）按产品的生产工时比例分配 A、B 两种产品应负担的职工薪酬。

（2）填制职工薪酬分配表（见表 2-2）。

表 2-2　职工薪酬分配表

年　月

应借科目		成本项目	生产工时/小时	分配率	分配金额/元
生产成本——基本生产成本	A				
	B				
合计					

【案例四】2021年8月，丁公司生产A、B、C三种产品。其中，A、B产品由第一车间生产，C产品由第二车间生产。A、B、C产品产量分别为1 500件、1 000件、2 500件。A、B、C产品工时定额分别为4小时、3小时、2小时。各车间基本生产工人工资为第一车间315 000元，第二车间125 000元，其他管理、销售人员工资如表2-3所示。

要求：（1）填制职工薪酬耗费分配表（见表2-3）。

（2）编制相关会计分录。

表2-3 职工薪酬耗费分配表

2021年8月

应借科目		成本或费用项目	分配计入			直接计入金额/元	合计/元
			机器工时/小时	分配率	分配金额/元		
生产成本——基本生产成本	A	直接人工	6 000	35	210 000		210 000
	B	直接人工	3 000	35	105 000		105 000
	小计		9 000		315 000		315 000
	C	直接人工	5 000	25	125 000		125 000
生产成本——辅助生产成本	机修	工资及福利				20 000	20 000
	供热	工资及福利				40 000	40 000
	小计					60 000	60 000
制造费用	一车间	工资及福利				8 000	8 000
	二车间	工资及福利				5 000	5 000
	小计					13 000	13 000
销售费用		工资及福利				120 000	120 000
管理费用		工资及福利				45 000	45 000
合　计					440 000	238 000	678 000

项目三

综合费用的归集和分配

一、单选题（每题只有一个正确答案）

1. 辅助生产车间完工入库的修理用备件，应借记的账户是（ ）。

    A. "周转材料——低值易耗品"   B. "原材料"

    C. "库存商品"   D. "自制半成品"

2. 在各辅助生产车间相互提供劳务很少的情况下，适宜采用的辅助生产费用分配方法是（ ）。

    A. 直接分配法   B. 交互分配法

    C. 计划成本分配法   D. 代数分配法

3. 将辅助生产车间发生的各项费用直接分配给辅助生产车间以外的各受益单位，这种分配方法为（ ）。

    A. 计划成本分配法   B. 直接分配法

    C. 顺序分配法   D. 代数分配法

4. 采用交互分配法分配辅助生产费用，交互分配后的实际费用应在（ ）之间进行分配。

    A. 辅助生产车间   B. 所有受益单位

    C. 行政管理部门   D. 辅助生产车间以外的各受益单位

5. 辅助生产车间发生的制造费用（ ）。

    A. 必须通过"制造费用"总账账户核算

    B. 不必通过"制造费用"总账账户核算

    C. 根据具体情况，可计入"制造费用"总账账户，也可直接计入"生产成

本——辅助生产成本"账户

D. 首先计入"生产成本——辅助生产成本"账户

6. 直接分配法的优点是（　　）。

A. 计算的工作量大

B. 分配结果正确

C. 便于考核和评价辅助生产车间的成本发生情况

D. 计算工作简单

7. 关于辅助生产成本采用交互分配法，下列说法正确的是（　　）。

A. 准确性高，但计算的工作量大　　B. 分配结果不准确，计算工作简单

C. 计算工作简单，分配结果准确　　D. 计算工作简单，费用只分配一次

8. 辅助生产费用分配的代数分配法适用于（　　）。

A. 实现会计电算化的企业

B. 劳务计划单位成本比较准确的企业

C. 辅助车间较少的企业

D. 辅助车间相互不提供产品或劳务的企业

9. 在下列辅助生产费用分配方法中，分配结果最为准确的是（　　）。

A. 直接分配法　　　　　　　　　B. 交互分配法

C. 代数分配法　　　　　　　　　D. 计划成本分配法

10. 若采用计划成本分配法分配辅助生产成本，则辅助生产的实际成本是（　　）。

A. 按计划成本分配前的实际成本

B. 按计划成本分配前的实际成本加上按计划成本分配转入的成本

C. 按计划成本分配前的实际成本减去按计划成本分配转出的成本

D. 按计划成本分配前的实际成本加上按计划成本分配转入的成本，再减
去按计划成本分配转出的成本

11. "生产成本——辅助生产成本"账户月末（　　）。

A. 一定没有余额　　　　　　　　B. 如果有余额，余额一定在借方

C. 如果有余额，余额一定在贷方　D. 可能有借方余额或贷方余额

12. 下列项目中，属于制造费用的是（　　）。

A. 车间生产工人薪酬　　　　　　B. 车间管理人员薪酬

C. 企业管理人员薪酬　　　　　　D. 车间固定资产修理费

13. 制造费用是（ ）。

    A．间接生产费用

    B．间接计入费用

    C．直接计入费用

    D．既可能是间接计入费用，也可能是直接计入费用

14. 直接用于产品生产，但不便直接计入产品成本，因此没有专设成本项目的费用，并且间接用于产品生产的各项费用是指（ ）。

    A．间接费用   B．直接费用   C．制造费用   D．财务费用

15. 按照生产工时比例法分配制造费用，要求（ ）。

    A．各种产品的机械化程度较高

    B．各种产品的机械化程度较低

    C．各种产品的机械化程度相差不大

    D．不考虑各种产品的机械化程度差异

16. 按年度计划分配率法分配制造费用的方法适用于（ ）。

    A．制造费用数额较大的企业   B．季节性生产企业

    C．基本生产车间规模较小的企业   D．制造费用数额较小的企业

17. 下列方法中，可能使"制造费用"账户有月末余额的是（ ）。

    A．生产工人工时比例法   B．按年度计划分配率分配法

    C．生产工人工资比例法   D．机器工时比例分配法

18. 采用（ ）分配制造费用时，年内各月实际发生的制造费用与分配转出的制造费用会出现一定的差额。

    A．生产工时比例法   B．直接成本比例法

    C．计划分配率法   D．直接材料比例法

19. 废品残料价值和应收赔偿款应从"废品损失"账户（ ）转出。

    A．借方   B．贷方   C．余额   D．视情况而定

20. 结转不可修复废品的成本，应借记"废品损失"账户，贷记（ ）账户。

    A．"生产成本"   B．"库存商品"   C．"制造费用"   D．"原材料"

二、多选题（每题有两个或两个以上正确答案）

1. 辅助生产费用的分配方法通常有（ ）。

    A．直接分配法   B．交互分配法

    C．代数分配法   D．计划成本分配法

2．分配或结转辅助生产成本涉及的账户有（　　）。

A．"生产成本——基本生产成本"

B．"周转材料——低值易耗品"

C．"制造费用"

D．"管理费用"

3．企业辅助生产车间如果生产工具、模具及修理用备件等产品，在产品完工时，借记的账户有（　　）。

A．"周转材料——低值易耗品"　　　B．"生产成本——基本生产成本"

C．"生产成本——辅助生产成本"　　D．"原材料"

4．采用交互分配法分配辅助生产费用时，应该（　　）。

A．首先在企业内部各受益单位之间进行一次交互分配

B．首先在辅助生产内部各受益单位之间进行一次交互分配

C．根据交互分配后的实际费用向企业外部单位进行分配

D．根据交互分配后的实际费用向辅助生产以外各受益单位进行一次对外分配

5．采用计划成本分配法分配辅助生产费用时，辅助生产实际费用与按计划成本分配费用的差异（　　）分配给管理费用。

A．超支用蓝字　　B．超支用红字　　　C．节约用蓝字　　D．节约用红字

6．辅助生产车间不设"制造费用"账户核算是因为（　　）。

A．辅助生产车间规模较小、发生制造费用较少

B．辅助生产车间不对外销售产品

C．为了简化核算工作

D．辅助车间数量少

7．辅助生产车间发生的固定资产折旧费，可能借记的账户有（　　）。

A．"制造费用"　　　　　　　　　B．"生产成本——辅助生产成本"

C．"生产成本——基本生产成本"　　D．"管理费用"

8．辅助生产费用分配的交互分配法的特点有（　　）。

A．核算工作量较大

B．核算工作较简便

C．需计算两个费用分配率

D．提高了分配结果的准确性，但仍不完全准确

9. 制造费用分配常用的方法有（　　）。

    A. 生产工人工时比例法　　　　　　B. 生产工人工资比例法

    C. 机器工时比例法　　　　　　　　D. 年度计划分配率法

10. 下列说法正确的是（　　）。

    A. 在只生产一种产品的车间中，制造费用直接计入产品成本

    B. 制造费用应按产品品种开设明细账

    C. 制造费用应按车间开设明细账

    D. 制造费用应从该账户贷方转至"生产成本——基本生产成本"账户的借方

11. 按年度计划分配率分配法分配制造费用后，"制造费用"账户月末（　　）。

    A. 可能有余额　　　　　　　　　　B. 一定无余额

    C. 可能有借方余额　　　　　　　　D. 可能有贷方余额

12. 可修复废品必须具备的条件有（　　）。

    A. 在技术上可以修复　　　　　　　B. 在经济上合算

    C. 不管修复费用有多少　　　　　　D. 只要修复后可以使用

13. 废品损失应该包括（　　）。

    A. 不可修复废品的报废损失　　　　B. 可修复废品的修复费用

    C. 不合格品的降价损失　　　　　　D. 产品保管不善的损坏变质损失

14. 可修复废品的修复费用应该包括（　　）。

    A. 修复废品的材料费用　　　　　　B. 修复废品的工资费用

    C. 修复废品的动力费用　　　　　　D. 修复废品的销售费用

15. 属于应计入产品成本的停工损失有（　　）。

    A. 季节性停产损失

    B. 修理期间的停产损失

    C. 非常灾害的停产损失

    D. 计划减产造成全厂连续停产 10 天以上的停产损失

16. 在生产一种产品的情况下，对于制造费用成本项目下列说法正确的是（　　）。

    A. 间接计入费用

    B. 直接计入费用

    C. 直接生产费用

    D. 既包括间接生产费用，也包括没有专设成本项目的直接生产费用

三、判断题（正确的请在括号内打上"√"，错误的打上"×"）

（　　）1．辅助生产车间发生的制造费用都应通过"制造费用"账户进行核算。

（　　）2．辅助生产费用的交互分配法只进行辅助生产车间之间的交互分配，不进行对外分配。

（　　）3．如果各种产品生产过程的机械化程度相差悬殊，应采用机器工时比例法分配制造费用。

（　　）4．辅助生产车间发生的各种生产费用都应直接计入"生产成本——辅助生产成本"账户。

（　　）5．对于生产几种产品共同耗用的并且构成产品实体的原材料费用，应该直接计入各种产品成本。

（　　）6．辅助生产的实际费用和按计划成本计算的分配额之间的差额可列入"制造费用"账户，超支用蓝字表示，节约用红字表示。

（　　）7．采用交互分配法交互分配后，各辅助生产单位的待分配费用应全部分配给各受益对象。

（　　）8．辅助生产费用按代数分配法分配，其分配结果最为准确。

（　　）9．采用计划成本分配法分配制造费用，实际与预订计划分配额的差异可在年终调整时计入"管理费用"账户。

（　　）10．制造费用所采用的所有分配方法，分配的结果是"制造费用"账户的，期末都没有余额。

（　　）11．产品入库后，由于保管不善等原因而损坏变质的损失应作为管理费用处理。

（　　）12．可修复废品是指经过修复可以使用，而且在经济上合算的废品。

（　　）13．辅助生产费用交互分配法计算出的交互分配率，就是辅助生产的实际单位成本。

（　　）14．企业生产中的废品是指在生产过程中发现的废品，而不包括入库后发现的废品。

（　　）15．结转不可修复废品的生产成本时，应借记"废品损失"账户，贷记"生产成本——基本生产成本"账户，并从其"废品损失"成本项目中转出。

（　　）16．生产工人的工资成本如果按生产工时比例分配计入各种产品成本，那么制造费用按生产工人工资比例法分配的结果与按生产工时比例法进行分配的结果一致。

（　　）17．辅助生产提供的产品和劳务，主要是为基本生产和企业管理部门使用和服务的。

（　　）18．辅助生产费用采用直接分配法是指对所有受益部门按受益数量进行成本分配。

（　　）19．制造费用按生产工人工时比例法分配时，能够反映劳动生产率的升降对产品费用水平的影响。

（　　）20．"制造费用"账户平时余额可能为零，也可能不为零，但年终余额一定为零。

四、实务操作题

【案例一】某工厂有供电、机修两个辅助生产车间。2021 年 8 月供电车间费用为 8 900 元，机修费用为 13 900 元。工厂供应的对象和数量如表 3-1 所示。

表 3-1　工厂供应的对象和数量

供应对象		供电度数/度	机修工时/小时
辅助生产车间	供电车间		300
	机修车间	2 200	
基本生产车间	甲产品	29 800	
	一般耗用	1 600	2 800
企业管理部门		2 000	900
合计		35 600	4 000

要求：采用直接分配法编制辅助生产费用分配表（见表 3-2）并编制相关会计分录（分配率保留 4 位小数）。

表 3-2　辅助生产费用分配表（直接分配法）

年　月

项目		供电车间	机修车间	合计
待分配辅助生产费用				
对辅助车间以外各受益部门提供的劳务量				
分配率（或单位成本）				
甲产品	耗用数量			
	分配金额			
基本生产车间	耗用数量			
	分配金额			
企业管理部门	耗用数量			
	分配金额			
合计				

【案例二】按"案例一"的资料，采用交互分配法编制辅助生产费用分配表（见表 3-3）并编制相关会计分录（分配率保留 4 位小数）。

表 3-3　辅助生产费用分配表（交互分配法）

年　　月

项目			交互分配			对外分配		
辅助生产车间名称			供电	机修	合计	供电	机修	合计
待分配的辅助生产费用								
供应劳务总量								
费用分配率								
辅助生产车间	供电车间	耗用数量						
		分配金额						
	机修车间	耗用数量						
		分配金额						
基本生产车间	甲产品	耗用数量						
		分配金额						
	一般耗用	耗用数量						
		分配金额						
企业管理部门		耗用数量						
		分配金额						
分配金额合计								

【案例三】某企业下设运输和供水两个辅助生产车间，按计划成本分配法进行辅助生产费用的分配。辅助生产费用分配表（计划成本分配法）如表3-4所示。

表3-4 辅助生产费用分配表（计划成本分配法）

2021年8月

项目			运输车间	供水车间	合计
待分配辅助生产费用			25 800 元	22 600 元	
供应的劳务总量			5 500 小时	40 000 立方米	
计划单位成本			5 元	0.6 元	
辅助生产车间	运输车间	耗用数量		3 000 立方米	
		分配金额			
	供水车间	耗用数量	500 小时		
		分配金额			
基本生产车间	甲产品	耗用数量		15 000 立方米	
		分配金额			
	乙产品	耗用数量		10 000 立方米	
		分配金额			
制造费用		耗用数量	4 000 小时	5 000 立方米	
		分配金额			
管理费用		耗用数量	1 000 小时	7 000 立方米	
		分配金额			
按计划成本分配费用合计					
辅助生产实际费用					
辅助生产成本差异					

要求：（1）根据上述资料，计算填列辅助生产费用分配表（计划成本分配法）。

（2）编制按计划成本分配辅助生产费用的会计分录。

（3）编制结转辅助生产成本差异的会计分录。

【案例四】某工业企业有一个基本生产车间和一个辅助生产车间。基本生产车间生产甲、乙两种产品；辅助生产车间提供一种劳务。8月份发生有关经济业务如下。

（1）生产耗用原材料13 590元。其中，直接用于甲产品生产4 500元，用于乙产品生产3 200元，用作基本生产车间机物料1 210元；直接用于辅助生产车间原材料2 700元，用作辅助生产车间机物料930元；用于企业行政管理部门原材料1 050元。

（2）发生工资费用7 800元。其中，基本生产车间生产工人工资3 400元，管理人员工资1 300元；辅助生产车间生产工人工资1 100元，管理人员工资500元；企业行政管理人员工资1 500元。

（3）按工资总额的14%计提职工福利费。

（4）计提固定资产折旧费6 430元。其中，基本生产车间2 740元，辅助生产车间1 530元，行政管理部门2 160元。

（5）用银行存款支付其他费用5 900元。其中，基本生产车间2 600元，辅助生产车间1 400元，行政管理部门1 900元。

该企业辅助生产的制造费用通过"制造费用"账户核算。基本生产车间的制造费用按产品机器工时比例分配，甲、乙产品机器工时分别为1 670小时、1 658小时。辅助生产车间提供的劳务采用直接分配法分配。其中，应由基本生产车间负担5 280元，应由行政管理部门负担3 104元。

要求：（1）编制各项费用发生的会计分录，归集和分配辅助生产和基本生产的制造费用。

（2）计算基本生产车间甲、乙产品应分配的制造费用。

【案例五】某工业企业各种费用分配表中列示甲种产品可修复废品的修复费用如下：原材料 2 130 元；应付生产工人工资 960 元；制造费用 1 360 元。不可修复废品成本按定额成本计价。不可修复废品定额成本资料如下：不可修复废品 5 件，每件原材料费用定额为 100 元；每件定额工时为 30 小时，每小时工资为 3 元，制造费用 4 元。不可修复废品的残料价值按计划成本计价，共 160 元，作为辅助材料入库；应由责任人赔款 12 元。废品净损失由当月同种产品成本负担。

要求：（1）计算甲种产品不可修复废品的生产成本。

（2）计算甲种产品不可修复废品和可修复废品的净损失。

（3）编制相关的会计分录。

【案例六】某企业基本生产车间在生产丙产品的过程中，发生一批可修复废品。在废品修复过程中发生修复费用如下：领用原材料 1 800 元；应付工人工资 800 元；提取工人福利费 112 元；分摊制造费用 1 180 元。合计 3 892 元。废品净损失由当月同种产品成本负担。

要求：根据以上资料，编制相关的会计分录。

项目四

生产费用在完工产品与月末在产品之间的分配

一、单选题（每题只有一个正确答案）

1. 不应列为企业在产品的是（   ）。

   A. 正在车间加工的在产品

   B. 已完成一个或几个生产步骤，还需要加工的半成品

   C. 对外销售的自制半成品

   D. 待返修的废品

2. 采用在产品成本按年初在产品成本计算的方法，每月的完工产品成本为（   ）。

   A. 每月发生的生产费用之和

   B. 每月的生产费用加月初在产品成本

   C. 每月的生产费用在完工产品和在产品之间分配后，由完工产品负担的部分

   D. 每月生产费用加上月初在产品成本，减去月末在产品成本

3. 在完工产品和在产品之间分配费用，采用不计算在产品成本法适用于（   ）的产品。

   A. 各月末在产品数量很少   B. 各月末在产品数量较多

   C. 没有在产品   D. 各月末在产品数量变化小

4. 产品成本中原材料费用占有较大比重的企业，为了简化核算工作，在产品成本可按（   ）计算。

   A. 所耗原材料费用   B. 定额成本

   C. 约当产量   D. 计划成本

5. 完工产品与在产品之间分配费用时，月末在产品按固定成本计价适用于（　　）的产品。

A．各月末在产品数量很少

B．各月末在产品数量较多

C．各月末在产品数量变化较大

D．各月末在产品数量虽多，但各月之间变化不大

6. 对于定额管理基础较好，各项消耗定额比较准确、稳定，且各月末在产品数量变化较大的企业，生产费用在完工产品与在产品之间的分配方法适宜采用（　　）。

A．约当产量法　　　　　　　　B．在产品按所耗原材料费用计价法

C．在产品按定额成本计价法　　D．定额比例法

7. 原材料在生产开始时一次投入，月末在产品的投料程度应按（　　）计算。

A．100%　　　　　　　　　　B．50%

C．定额耗用量比例　　　　　　D．定额工时比例

8. 产品所耗原材料在生产开始时一次投料，完工产品与月末在产品的原材料费用应按完工产品和月末在产品的（　　）比例分配计算。

A．所耗原材料数量　　　　　　B．约当产量

C．数量之半　　　　　　　　　D．数量

9. 某种产品的各项定额准确、稳定，且各月末在产品数量变化不大，为了简化成本计算工作，其生产费用在完工产品与在产品之间进行分配时应采用（　　）。

A．在产品按完工产品计算法　　B．定额比例法

C．约当产量法　　　　　　　　D．定额成本法

10. 某企业某种产品本月完工 500 件，月末在产品 250 件，在产品完工程度测定为 40%，月末在产品约当产量为（　　）。

A．250 件　　　B．60 件　　　C．100 件　　　D．600 件

11. 计算月末在产品约当产量的依据是（　　）。

A．月末在产品数量　　　　　　B．本月完工产品数量

C．月末在产品数量和完工程度　D．月末在产品定额成本和定额工时

12. 分配加工费用时，在产品完工率为（　　）除以完工产品工时定额。

A．所在工序工时定额

B．所在工序工时定额的 50%

C．所在工序累计工时定额

D．前面各道工序工时定额之和+本工序工时定额×50%

13．某种产品经两道工序加工完成，工序的工时定额分别为 30 小时、16 小时。各道工序的在产品在本道工序的加工程度按工时定额的 50%计算。据此计算的第二道工序在产品累计工时定额为（　　）。

  A．30 小时 B．16 小时 C．38 小时 D．8 小时

14．如果产品的消耗定额准确、稳定，各月末在产品数量变化不大，产品成本中原材料费用所占比重较大，为了简化成本计算，月末在产品可以（　　）。

  A．按定额原材料费用计价   B．按定额成本计价

  C．按所耗原材料费用计价   D．按定额加工费用计价

15．假设某企业甲产品当月完工 250 件，月末在产品为 160 件，在产品完工程度测定为 40%，月初和当月发生的原材料费用共为 56 520 元，原材料随着加工进度陆续投入，则完工产品和月末在产品的原材料费用分别为（　　）。

  A．45 000 元和 11 250 元   B．40 000 元和 16 250 元

  C．34 298 元和 21 952 元   D．45 000 元和 11 520 元

16．假设某企业某产品工时定额为 40 小时，经两道工序加工完成，每道工序的工时定额分别为 30 小时和 10 小时，则第二道工序的完工程度为（　　）。

  A．37.5% B．50%   C．87.5% D．90%

17．某采煤企业在产品数量很少，月末在产品应（　　）。

  A．不计算在产品成本

  B．按年初在产品成本计价法计算在产品成本

  C．按完工产品计价法计算在产品成本

  D．按所耗原材料费用计价法计算在产品成本

18．约当产量比例法不适用于（　　）。

  A．原材料费用在成本中所中比重较大

  B．月末在产品数量较多

  C．各月末在产品数量变化较大

  D．产品成本中材料费用、人工费用、制造费用比重相差不多

19．如果某种产品的月末在产品数量较多，各月在产品数量变化较大，各项费用的比重相差不大，生产费用在完工产品与月末在产品之间分配，则应采用的方法是（　　）。

  A．不计算在产品成本法

  B．在产品成本按年初在产品成本计价法

  C．在产品按所耗直接材料费用计价法

  D．约当产量法

20．采用约当产量法进行原材料费用分配时，与加工费用一样分配的条件是（　　）。

  A．原材料在生产开始时一次投入

  B．原材料随着生产进度陆续投入

  C．原材料分工序投入，在每道工序开始时一次投入

  D．原材料分工序投入，在每道工序随着生产进度陆续投入

二、多选题（每题有两个或两个以上正确答案）

1．工业企业的在产品包括（　　）。

  A．没有完成全部生产过程的在产品或半成品

  B．不能作为商品销售的在产品或半成品

  C．正在生产车间加工中的在产品

  D．对外销售的半成品

2．期末在产品成本的计算，应根据生产特点和成本管理的要求，采用（　　）等不同的方法进行计算。

  A．交互分配法　　B．约当产量法　　　C．定额成本法　　D．定额比例法

3．计算本月完工产品成本时，要依据的成本资料主要有（　　）。

  A．月初在产品成本　　　　　　　B．本月生产费用

  C．月末在产品成本　　　　　　　D．上月完工产品成本

4．在产品成本按固定成本计价法，适用于（　　）的企业。

  A．各月在产品数量较少

  B．各月在产品数量较多

  C．各月末在产品数量变化较大

  D．各月末在产品数量较多，但各月数量比较均衡

5．本月生产费用等于本月完工产品成本的方法是（　　）。

  A．约当产量法　　　　　　　　　B．在产品不计算成本法

  C．在产品按完工产品成本计价法　　D．在产品按年初固定成本计价法

6．材料投入形式主要有（　　）。

  A．材料在生产开始时一次投入　　B．材料在生产过程中陆续投入

  C．材料在生产过程中分阶段批量投入　D．材料在供应过程中分别投入

7. 按完工产品和月末在产品的数量比例分配计算完工产品和月末在产品的原材料费用，必须具备的条件是（　　）。

    A．在产品已接近完工

    B．产品成本中原材料费用所占比重较大

    C．原材料消耗定额比较准确、稳定

    D．原材料在生产开始时一次投入

8. 约当产量法适用于（　　）。

    A．月末在产品数量较多

    B．产品成本中直接材料比重相差较大

    C．月末在产品数量变化较大

    D．产品成本中直接材料、直接人工、制造费用比重相差不大

9. 采用定额成本计价法应具备的条件是（　　）。

    A．定额管理基础较好

    B．能够制定比较准确、稳定的消耗定额、费用定额

    C．月末在产品数量变动不大

    D．月末在产品数量变动较大

10. 采用定额比例法应具备的条件是（　　）。

    A．消耗定额或费用定额比较准确、稳定

    B．各月末在产品数量很少

    C．各月末在产品数量变化不大

    D．各月末在产品数量变化较大

11. 采用在产品按其所耗原材料费用计价法应具备的条件是（　　）。

    A．定额管理基础较好

    B．月末在产品数量变化较大

    C．月末在产品数量变化不大

    D．产品成本中原材料费用所占比重较大

12. 计算在产品完工率应考虑的因素有（　　）。

    A．所在工序工时定额   B．完工产品工时定额

    C．到上道工序为止累计工时定额   D．完工产品数量

13. 约当产量比例法适用于（　　）的分配。

A. 每道工序开始时一次投料的原材料费用

B. 随着生产进度陆续均衡投料的原材料费用

C. 在每道工序中均匀陆续投入的原材料费用

D. 工资等其他加工费用

14. 确定生产费用在完工产品与月末在产品之间的分配方法,应考虑的因素有(　　)。

A. 各月末在产品数量变化的多少

B. 产品成本中各项费用所占比重的多少

C. 产品的各项消耗定额是否准确、齐全

D. 月末在产品数量的多少

15. 采用约当产量比例法,必须正确计算在产品的约当产量,而在产品约当产量计算正确与否取决于产品完工程度的测定,测定在产品完工程度的方法有（　　）。

A. 按 50%平均计算各工序完工率　　　B. 分工序分别计算完工率

C. 按定额工时计算　　　　　　　　　D. 按定额比例法计算

三、判断题（正确的请在括号内打上"√",错误的打上"×"）

（　　）1. 在产品就是指正在某车间或某生产步骤加工中的在产品。

（　　）2. 已经完工但尚未验收入库的在产品,其成本可以视同完工产品计算。

（　　）3. 不计算在产品成本法适用于月末没有在产品的产品。

（　　）4. 采用不计算在产品成本法时,本月发生的生产费用之和就是完工产品成本。

（　　）5. 完工产品与在产品之间分配费用的约当产量法只适用于直接人工和其他加工费用的分配,不适用于原材料费用的分配。

（　　）6. 采用约当产量法计算月末在产品成本,原材料成本分配时必须考虑原材料的投料方式。

（　　）7. 在产品约当产量是指期末在产品按完工程度折合为完工产品的数量。

（　　）8. 由于完工程度不同,完工产品与月末在产品的各项加工费用不能按照它们的数量比例来分配计算,而应按约当产量比例分配计算。

（　　）9. 若当月末既有完工产品,又有未完工产品,就必须将归集的生产费用选用任意选择一种方法在完工产品和月末在产品之间进行分配。

（　　）10. 采用在产品成本按所耗原材料费用计价法时,月末在产品只计算耗用的原材料费用，不计算耗用的人工费用和制造费用，人工费用和制造费用全部计入完工产品成本。

（　　）11．在产品按完工产品成本计价法适用于月末在产品已经加工完成但尚未包装或尚未验收入库，或已接近完工的产品。

（　　）12．某工序在产品的完工率为截至该项工序累计的工时定额与完工产品工时定额的比率。

（　　）13．采用定额比例法计算月末在产品成本必须具备较好的定额管理基础，而且月初、月末在产品数量变化不大。

（　　）14．月末在产品成本按定额成本法计算时，月末在产品定额成本与实际成本之间的差异，全部由完工产品成本负担。

（　　）15．在完工产品成本计算出来以后，应将其成本从"生产成本——基本生产成本"账户的贷方转入"库存商品"账户的借方，"生产成本——基本生产成本"账户月末没有余额。

四、实务操作题

【案例一】2021 年 6 月，某企业投产 A 产品 510 件，月末未完工 10 件，月末在产品数量很少，不计算月末在产品成本。当月发生的生产费用为直接材料 52 000 元，直接人工 20 500 元，制造费用 18 000 元，合计 90 500 元。

要求：（1）计算完工产品总成本和单位成本。

（2）登记生产成本明细账（见表 4-1）。

（3）编制完工产品验收入库的会计分录。

表 4-1　生产成本明细账

完工产品数量：

产品名称：　　　　　　　　　　年　　月			月末在产品数量：
成本项目	直接材料	直接人工	制造费用	合计
月初在产品成本				
本月生产费用				
生产费用合计				
完工产品成本				
完工产品单位成本				
月末在产品成本				

【案例二】某企业 2021 年 6 月投产 B 产品 600 台，月末在产品 100 台，各月末在产品数量变化不大，在产品按年初固定成本计价法。月初在产品成本为直接材料 30 000 元，直接人工 2 500 元，制造费用 1 500 元，合计为 34 000 元。本月发生的生产费用为直接材料 194 000 元，直接人工 25 000 元，制造费用 15 000 元，合计 234 000 元。

要求：（1）计算完工产品总成本和月末在产品成本。

（2）登记生产成本明细账（见表 4-2）。

表 4-2　生产成本明细账

完工产品数量：

产品名称：　　　　　　　　　　　　年　　月　　　　　　　月末在产品数量：

成本项目	直接材料	直接人工	制造费用	合计
月初在产品成本				
本月生产费用				
生产费用合计				
完工产品成本				
完工产品单位成本				
月末在产品成本				

【案例三】2021 年 6 月，某企业投产 C 产品，原材料在生产开始时一次投入，产品成本中的原材料费用所占比重很大，月末在产品按其所耗原材料费用计价。该产品月初原材料费用 3 000 元，本月原材料费用 18 000 元，人工费用 1 200 元，制造费用 1 000 元，本月完工产品 150 件，在产品 50 件。

要求：（1）计算完工产品总成本和月末在产品成本。

（2）登记生产成本明细账（见表4-3）。

表4-3　生产成本明细账

完工产品数量：

产品名称：　　　　　　　　　　　　年　月　　　　月末在产品数量：

成本项目	直接材料	直接人工	制造费用	合 计
月初在产品成本				
本月生产费用				
生产费用合计				
费用分配率				
完工产品成本				
月末在产品成本				

【案例四】2021 年 6 月，某企业投产的丁产品，月初在产品成本为直接材料 38 926 元，直接人工 12 180 元，制造费用 44 320 元，合计 95 426 元。本月生产费用为直接材料 99 666 元，直接人工 21 004 元，制造费用 45 472 元，合计 166 142 元。本月完工产品 645 件，月末在产品 331 件，已接近完工。

要求：（1）计算完工产品总成本和月末在产品成本。

（2）登记生产成本明细账（见表4-4）。

表4-4　生产成本明细账

完工产品数量：

产品名称：　　　　　　　　　　　　年　月　　　　月末在产品数量：

成本项目	直接材料	直接人工	制造费用	合 计
月初在产品成本				
本月生产费用				
生产费用合计				
费用分配率				
完工产品成本				
月末在产品成本				

【案例五】某企业生产的 A 产品分三道工序制成，各工序的原材料消耗定额为第一道工序 100 千克，第二道工序 60 千克，第三道工序 40 千克。在产品数量为第一道工序 150 件，第二道工序 200 件，第三道工序工序 250 件。

要求：（1）假设该产品原材料在每道工序开始时一次投入，要求计算各工序投料程度和约当产量。

（2）假设该产品原材料随着生产进度陆续投入，要求计算各工序投料程度和约当产量。

【案例六】某企业生产 B 产品，分三道工序制成，B 产品工时定额为 100 小时。其中，第一道工序 40 小时，第二道工序 30 小时，第三道工序 30 小时，每道工序按本道工序工时定额的 50%计算；在产品数量分别为第一道工序 1 000 件，第二道工序 1 200 件，第三道工序 1 500 件。

要求：计算在产品各工序的完工率和约当产量。

【案例七】某企业生产 A 产品，采用约当产量法分配费用。A 产品单件工时定额为 20 小时，分三道工序制成。各工序工时定额分别为 4 小时、8 小时、8 小时。各工序内均按 50% 的完工程度计算。本月完工 200 件，在产品 120 件。其中，第一工序 20 件，第二工序 40 件，第三工序 60 件。月初加本月生产费用合计分别为直接材料 16 000 元，直接人工 7 980 元，制造费用 8 512 元，原材料在生产开始时一次投入。

要求：按约当产量法分配计算完工产品和月末在产品成本。

【案例八】某企业生产甲产品，其各项定额为每件在产品的直接材料费用定额为 500 元，根据原始记录汇总，月末在产品所耗定额工时共为 3 200 小时，每小时的直接人工费用定额为 4 元，动力费用定额为 10 元，制造费用定额为 8 元。本月 A 产品完工

400 件，月末在产品 100 件。月初在产品成本和本月生产费用合计为直接材料费用 257 000 元，直接人工费用 120 000 元，动力费用 280 000 元，制造费用 253 000 元。

要求：采用在产品按定额成本法，计算本月完工产品成本和月末在产品成本。

【案例九】某企业生产乙产品，其生产成本明细账中相关情况如表 4-5 所示。

表 4-5 生产成本明细账

单位：元

成本项目	直接材料	直接人工	制造费用	合计
月初在产品成本	1 162	1 900	1 660	4 722
本月生产费用	17 780	12 500	10 820	41 100
合计	18 942	14 400	12 480	45 822

本月完工产品和月末在产品相关定额成本为直接材料费用定额为 30 元，工时定额为 20 小时；直接材料在生产开始时一次投入。本月完工产品为 386 件，月末在产品为 188 件（完工程度为 50%）。

要求：采用定额比例法计算完工产品成本和月末在产品成本（直接材料费用按定额费用比例分配，其他费用按定额工时比例分配），并编制结转完工产品成本的会计分录。

项目五

品种法的应用

一、单选题（每题只有一个正确答案）

1. 品种法是产品成本计算的（　　）。

    A．重要方法　　　B．最基本方法　　　C．主要方法　　　D．最一般方法

2. 在大量大批多步骤生产的情况下，如果管理上不要求分步骤计算产品成本，那么所采用的成本计算方法应是（　　）。

    A．品种法　　　B．分批法　　　C．分步法　　　D．分类法

3. 产品成本计算的品种法适用于（　　）。

    A．大量大批多步骤生产　　　　　　B．小批单件单步骤生产

    C．小批单件多步骤生产　　　　　　D．大量大批单步骤生产

4. 下列属于品种法特点的是（　　）。

    A．分批、分品种计算产品成本

    B．分步、分品种计算产品成本

    C．不分批、不分步，也不分品种计算产品成本

    D．既不分批又不分步，只分品种计算产品成本

5. 选择产品成本计算基本方法时应考虑的因素是（　　）。

    A．产品消耗定额是否准确、稳定

    B．生产工艺和生产组织的特点及成本管理要求

    C．是否能够简化加速成本计算工作

    D．产品种类是否繁多

6. 品种法的成本计算对象是（　　）。

　　A. 每个加工阶段的半成品及最后加工阶段的产成品

　　B. 各产品品种

　　C. 产品的批别或订单

　　D. 各种产品的材料费用

7. 工业企业的（　　）是按照生产组织的特点来划分的。

　　A. 单步骤生产　　B. 复杂生产　　　　C. 多步骤生产　　D. 大量生产

8. 工业企业产品成本的计算最终是通过（　　）账户进行的。

　　A. "制造成本"　　　　　　　　　B. "生产成本——基本生产成本"

　　C. "制造费用"　　　　　　　　　D. "生产成本——辅助生产成本"

9. 品种法的产品成本计算单应按（　　）分别开设。

　　A. 产品品种　　　　　　　　　　B. 生产单位

　　C. 生产步骤　　　　　　　　　　D. 产品品种及半成品

10. 甲产品由两道工序组成，采用在产品按定额成本计价法分配计算完工产品和月末在产品费用。各工序的工时定额分别为第一工序 32 小时，第二工序 12 小时。第二工序在产品的累计工时定额为（　　）。

　　　A. 16 小时　　　B. 38 小时　　　　C. 44 小时　　　　D. 22 小时

二、多选题（每题有两个或两个以上正确答案）

1. 品种法是产品成本计算最基本的方法，这是因为（　　）。

　　A. 品种法计算成本最简单

　　B. 任何成本计算方法最终都要计算出各品种的成本

　　C. 品种法的成本计算程序最有代表性

　　D. 品种法需要按月计算产品成本

2. 工业企业的生产按照工艺过程划分为（　　）。

　　A. 大量生产　　　B. 单步骤生产　　　C. 单件生产　　　D. 多步骤生产

3. 品种法适用于（　　）。

　　A. 大量大批单步骤生产企业

　　B. 大量大批多步骤生产但是管理上不要求分步计算成本的企业

　　C. 大量大批多步骤生产而且在管理上要求分步计算成本的企业

　　D. 小批单件生产企业

4. 下列方法中，属于产品成本计算的基本方法有（　　）。

    A. 品种法　　　　B. 分步法　　　　C. 分批法　　　　D. 分类法

5. 下列企业中，适合采用品种法计算产品成本的有（　　）。

    A. 发电企业　　B. 汽车制造企业　　C. 采掘企业　　D. 船舶制造企业

6. 下列有关品种法计算程序的叙述，正确的有（　　）。

    A. 如果只生产一种产品，只需为这种产品开设一张产品成本明细账

    B. 如果生产多种产品，要按照产品的品种分别开设产品成本明细账

    C. 发生的各项直接成本直接计入各产品成本明细账

    D. 发生的间接成本采用适当的分配方法在各种产品之间进行分配

7. 企业在确定成本计算方法时，必须从企业的具体情况出发，同时考虑（　　）。

    A. 企业的生产特点　　　　　　　　B. 月末有没有在产品

    C. 企业生产规模的大小　　　　　　D. 进行成本管理的要求

8. 工业企业按生产组织划分，可分为（　　）。

    A. 大量生产　　B. 成批生产　　C. 小批生产　　D. 单件生产

9. 受生产特点和管理的影响，在产品成本计算中有下述不同的成本计算对象，即（　　）。

    A. 产品品种　　B. 产品类别　　C. 产品批别　　D. 产品生产步骤

10. 下列方法中，属于产品成本计算的辅助方法有（　　）。

    A. 品种法　　　　B. 分步法　　　　C. 定额法　　　　D. 分类法

三、判断题（正确的请在括号内打上"√"，错误的打上"×"）

（　　）1. 品种法主要适用于大量大批多步骤生产企业。

（　　）2. 品种法是成本计算方法中最基本的方法，其他成本计算方法都是在品种法的基础上演变而来的。

（　　）3. 因为采用品种法可以计算出每一种产品的成本，所以不需要计算在产品成本。

（　　）4. 企业采用品种法计算产品成本时，无论当月是否有完工产品，都必须按月计算成本。

（　　）5. 单步骤生产都应采用品种法计算产品成本。

（　　）6. 一般来说，面粉、粮食、化肥等生产企业宜采用品种法计算产品成本。

（　　）7. 品种法的成本计算期与会计报告期一致，与生产周期不一致。

（　）8．在大量大批多步骤的生产企业，无论企业管理要求如何，品种法均不适用。

（　）9．采用品种法计算产品成本时，第一个步骤是分配各种要素费用，最后一个步骤是结转产成品成本。

（　）10．品种法主要适用于简单生产，因此称为简单法。

四、实务操作题

【案例一】某企业下设一个基本生产车间，生产甲、乙两种产品，采用品种法计算产品成本，原材料一次投入，采用约当产量法计算期末在产品成本。设有锅炉、机修两个辅助生产车间，辅助生产费用采用直接分配法分配。2021 年 8 月 31 日，有关成本计算资料如下。

（1）甲产品无月初在产品成本。乙产品月初在产品 200 件，成本为 96 000 元。其中，直接材料成本 54 000 元，直接人工成本 24 000 元，制造费用 18 000 元。

（2）产品产量及工时消耗记录如表 5-1 所示，辅助生车间劳务供应汇总表如表 5-2 所示。

表 5-1　产品产量及工时消耗记录

2021 年 8 月

项目	单位	甲产品	乙产品
本月投产	小时	1 000	1 400
本月完工	小时	1 000	1 500
月末在产品	小时		100
完工程度（%）			50
生产工时消耗	小时	40 000	50 000

表 5-2　辅助生产车间劳务供应汇总表

2021 年 8 月

受益部门	锅炉车间/立方米	机修车间/工时
锅炉车间		2 000
机修车间	10 000	
基本生产车间	32 000	18 500
厂部管理部门		1 500
合　　计	42 000	22 000

（3）本月发生生产费用。

①本月的材料费用分配表如表 5-3 所示。

表5-3　材料费用分配表

2021 年 8 月　　　　　　　　　　　　　　　　　　单位：元

会计科目		材料类别				合计
		原料及主要材料	辅助材料	燃料	修理用备件	
生产成本——基本生产成本	甲产品	243 000	80 000			323 000
	乙产品	850 000	10 000			860 000
生产成本——辅助生产成本	锅炉车间		2 000	68 000		70 000
	机修车间		4 000		16 000	20 000
制造费用	基本生产车间		15 000	2 000		17 000
管理费用			2 000		1 000	3 000
合计		1 093 000	113 000	70 000	17 000	1 293 000

②本月职工薪酬费用分配表如表 5-4 所示。

表5-4　职工薪酬费用分配表

2021 年 8 月　　　　　　　　　　　　　　　　　　单位：元

会计科目		应付工资总额	应计提福利费	合计
生产成本——基本生产成本	甲产品	210 000	29 400	239 400
	乙产品	360 000	50 400	410 400
生产成本——辅助生产成本	锅炉车间	34 000	4 760	38 760
	机修车间	19 000	2 660	21 660
制造费用	基本生产车间	25 000	3 500	28 500
管理费用		68 000	9 520	77 520
合计		716 000	100 240	816 240

③本月外购动力费用分配表如表 5-5 所示。

表5-5　外购动力费用分配表

2021 年 8 月

会计科目		耗电量/度	单位成本/（元·件$^{-1}$）	分配金额/元
生产成本——基本生产成本	甲产品	10 000	0.5	5 000
	乙产品	24 000	0.5	12 000
生产成本——辅助生产成本	锅炉车间	15 000	0.5	7 500
	机修车间	6 000	0.5	3 000
制造费用		8 000	0.5	4 000
合计		63 000	0.5	31 500

④本月固定资产折旧费用分配表如表 5-6 所示。

表 5-6　固定资产折旧费用分配表

2021 年 8 月　　　　　　　　　　　　　　　　　　　　　　　单位：元

会计科目	明细科目	费用项目	分配金额
制造费用	基本生产车间	折旧费	43 000
生产成本——辅助生产成本	锅炉车间	折旧费	16 000
	机修车间	折旧费	10 000
管理费用		折旧费	18 000
合计			87 000

⑤本月归集、分配其他费用分配如表 5-7 所示。

表 5-7　其他费用分配表

2021 年 8 月　　　　　　　　　　　　　　　　　　　　　　　单位：元

会计科目	明细科目	现金支付	银行存款支付	合　计
制造费用	基本生产车间	2 600	35 000	37 600
生产成本——辅助生产成本	锅炉车间	750	11 500	12 250
	机修车间	3 000	2 000	5 000
管理费用		8 050	25 000	33 050
合计		14 400	73 500	87 900

要求：（1）开设甲、乙两种产品基本生产成本明细账（见表 5-13、表 5-14）；开设锅炉车间、机修车间辅助生产成本明细账（见表 5-8、表 5-9）；开设基本生产车间制造费用明细账（见表 5-11）。辅助车间发生的制造费用，直接计入各自生产成本明细账，不通过制造费用账户归集后再分配。

（2）根据相关费用分配表登记基本生产成本明细账、辅助生产成本明细账、制造费用明细账，编制辅助生产费用分配表（直接分配法）（见表 5-10）。

（3）登记制造费用明细账，编制制造费用分配表（见表 5-12）。

（4）登记基本生产成本明细账，计算结转甲、乙产品完工产品成本。

（5）编制完工产品成本汇总表（见表 5-15）。

（6）编制完工产品入库的会计分录。

注：分配率保留 4 位小数，单位成本保留 3 位小数。

表 5-8 辅助生产成本明细账

车间名称： 锅炉车间　　　　　　　　　　　　　　　　　　　　　　　　　　　　单位：元

2021 年		凭证字号	摘　要	直接材料	直接人工	制造费用	合计
月	日						
8	31	（略）	材料费用分配表				
		（略）	工资福利费分配表				
			外购动力费用分配表				
			折旧费用分配表				
			其他费用分配表				
			本月合计				
			结转各受益部门				

表 5-9 辅助生产成本明细账

车间名称： 机修车间　　　　　　　　　　　　　　　　　　　　　　　　　　　　单位：元

2021 年		凭证字号	摘　要	直接材料	直接人工	制造费用	合计
月	日						
8	31	（略）	材料费用分配表				
		（略）	工资福利费分配表				
			外购动力费用分配表				
			折旧费用分配表				
			其他费用分配表				
			本月合计				
			结转各受益部门				

表 5-10 辅助生产费用分配表（直接分配法）

2021 年 8 月

辅助车间名称		锅炉车间	机修车间	合计
待分配费用				
供应辅助车间以外的劳务量				
分配率				
制造费用	耗用数量			
	分配金额			
管理费用	耗用数量			
	分配金额			
合计				

表 5-11 制造费用明细账

车间名称：基本生产车间   单位：元

2021年 月	2021年 日	凭证	摘　　要	材料费	人工费	折旧费	水电费	修理费	其他	合计
8	31	（略）	材料费用分配表							
			工资福利费分配表							
			外购动力费分配表							
			折旧费用分配表							
			其他费用分配表							
			辅助生产分配表							
			本月合计							
			结转制造费用							

表 5-12 制造费用分配表

2021 年 8 月

产　　品	生产工时/小时	分配率	分配金额/元
甲产品			
乙产品			
合计			

表 5-13 基本生产成本明细账

产品名称：甲产品   单位：元

2021年 月	2021年 日	凭证 字号	摘　　要	直接材料	直接人工	制造费用	合计
8	31	（略）	材料费用分配表				
			工资福利费分配表				
			外购动力费用分配表				
			制造费用分配表				
			本月生产费用合计				
			本月累计				
			结转完工入库产品成本				
			月末在产品成本				

表 5-14　基本生产成本明细账

产品名称：乙产品　　　　　　　　　　　　　　　　　　　　　　　　　　单位：元

2021年		凭证字号	摘　要	直接材料	直接人工	制造费用	合计
月	日						
8	1	（略）	月初在产品成本				
8	31	（略）	材料费用分配表				
			工资福利费分配表				
			外购动力费用分配表				
			制造费用分配表				
			本月生产费用合计				
			本月累计				
			结转完工入库产品成本				
			月末在产品成本				

表 5-15　完工产品成本汇总表

2021 年 8 月

成本项目	甲产品（　　件）		乙产品（　　件）	
	总成本	单位成本	总成本	单位成本
直接材料				
直接人工				
制造费用				
合计				

会计分录：

【案例二】文华公司 2021 年 8 月生产甲、乙两种产品，本月相关成本计算资料如下。

（1）甲、乙产品月初在产品成本如表 5-16 所示。

表 5-16　甲、乙产品月初在产品成本

2021 年 8 月

单位：元

摘要	直接材料	直接人工	制造费用	合计
甲产品月初在产品成本	164 000	32 470	3 675	200 145
乙产品月初在产品成本	123 740	16 400	3 350	143 490

（2）甲产品本月完工 500 件，月末在产品 100 件，实际生产工时 100 000 小时；乙产品本月完工 200 件，月末在产品 40 件，实际生产工时 50 000 小时。甲、乙两种产品的原材料都在生产开始时一次投入，加工费用发生比较均衡，月末在产品完工程度均为 50%。

（3）本月发生的生产费用如下。

①本月发出材料汇总表如表 5-17 所示。

表 5-17 发出材料汇总表

2021 年 8 月　　　　　　　　　　　　　　　　　　　单位：元

领料部门和用途	材料类别			合计
	原材料	周转材料——包装物	周转材料——低值易耗品	
基本生产车间耗用				
甲产品耗用	800 000	10 000		810 000
乙产品耗用	600 000	4 000		604 000
甲、乙产品共同耗用	28 000			28 000
车间一般耗用	2 000		100	2 100
辅助生产车间耗用				
供电车间耗用	1 000			1 000
机修车间耗用	1 200			1 200
厂部管理部门耗用	1 200		400	1 600
合　　计	1 433 400	14 000	500	1 447 900

②本月职工薪酬汇总表如表 5-18 所示。

表 5-18 职工薪酬汇总表

2021 年 8 月　　　　　　　　　　　　　　　　　　　单位：元

人员类别	职工工资总额	其他职工薪酬	合计
基本生产车间			
产品生产工人	420 000	58 800	478 800
车间管理人员	20 000	2 800	22 800
辅助生产车间			
供电车间	8 000	1 120	9 120
机修车间	7 000	980	7 980
厂部管理人员	40 000	5 600	45 600
合　　计	495 000	69 300	564 300

③本月以现金支付的费用为 2 500 元。其中，基本生产车间负担的办公费 250 元，市内交通费 65 元；供电车间负担的市内交通费 145 元；机修车间负担的外部加

工费 480 元；厂部管理部门负担的办公费 1 360 元，材料市内运输费 200 元。

④本月以银行存款支付的费用为 14 700 元。其中，基本生产车间负担的办公费 1 000 元，水费 2 000 元，差旅费 1 400 元，设计制图费 2 600 元；供电车间负担的水费 500 元，外部修理费 1 800 元；机修车间负担的办公费 400 元；厂部管理部门负担的办公费 3 000 元，水费 1 200 元，招待费 200 元，电话费 600 元。

⑤本月应计提固定资产折旧费 22 000 元。其中，基本生产车间折旧 10 000 元，供电车间折旧 2 000 元，机修车间折旧 4 000 元，厂部管理部门折旧 6 000 元。

⑥根据"预付账款"账户记录，本月应分摊财产保险费 3 195 元。其中，供电车间负担 800 元，机修车间负担 600 元，基本生产车间负担 1 195 元，厂部管理部门负担 600 元。

⑦ 本月供电和机修车间劳务量表如表 5-19 所示。

表 5-19　供电和机修车间劳务量表

2021 年 8 月

受益部门	供电车间/度	机修车间/小时
供电车间		400
机修车间	3 000	
基本生产车间		
其中：产品生产	27 000	
一般耗用	6 000	3 000
厂部管理部门	10 000	1 100
合计	46 000	4 500

要求：（1）开设甲、乙两种产品基本生产成本明细账（见表 5-31、表 5-32）；开设供电车间、机修车间辅助生产成本明细账（见表 5-25、表 5-26）；开设基本生产车间制造费用明细账（见表 5-29）。辅助车间发生的制造费用，直接计入各自生产成本明细账，不通过"制造费用"账户归集后再分配。

（2）计算、编制各种费用分配表（见表 5-20～表 5-24）和相关会计分录，登记相关明细账。

①生产甲、乙两种产品共同耗用材料按甲、乙两种产品直接耗用原材料的比例分配。

②甲、乙两种产品应分配的工资及其他薪酬按甲、乙两种产品的实际生产工时比例分配。

（3）将辅助生产成本明细账归集的费用采用计划成本法进行分配，编制辅助生产费用分配表，并登记有关明细账。

①采用计划成本分配法分配辅助生产费用（辅助生产费用分配表见表5-27）。

②每度电的计划成本为0.34元，每小时机修费的计划成本为3.50元，成本差异全部由管理费用负担。产品生产用电费按生产甲、乙两种产品的生产工时比例分配（产品生产用电分配表见表5-28）。

（4）将基本生产车间制造费用明细账归集的制造费用在各种产品间分配，编制制造费用分配表并登记基本生产成本明细账。

①基本生产车间制造费用在本车间所生产的产品之间按工时比例法进行分配（制造费用分配表见表5-30）。

（5）将基本生产成本明细账归集的生产费用合计，采用约当产量比例法在完工产品与在产品间分配（月末在产品约当产量计算表见表5-33、表5-34），计算完工产品成本与在产品成本，编制产品成本计算单（见表5-35、表5-36）和完工产品成本汇总表（见表5-37），结转完工产品成本。

表5-20　材料费用分配表

2021年8月

会计科目	明细科目	原材料			周转材料——包装物	周转材料——低值易耗品	合计
		直接耗用	分配率	分配金额			
生产成本——基本生产成本	甲产品						
	乙产品						
	小计						
生产成本——辅助生产成本	供电车间						
	机修车间						
	小计						
制造费用	基本车间						
管理费用	修理费						
合计							

会计分录：

表 5-21　职工薪酬费用分配表

2021 年 8 月

分配对象		职工工资			其他职工薪酬		合计
会计科目	明细科目	分配标准	分配率	分配金额	分配率	分配金额	
生产成本——基本生产成本	甲产品						
	乙产品						
	小计						
生产成本——辅助生产成本	供电车间						
	机修车间						
	小计						
制造费用	基本生产车间						
管理费用	工资、福利费						
合计							

会计分录：

表 5-22　折旧费用计算表

2021 年 8 月　　　　　　　　　　　　　　　　单位：元

会计科目	明细科目	费用项目	分配金额
制造费用	基本生产车间	折旧费	
生产成本——辅助生产成本	供电车间	折旧费	
	机修车间	折旧费	
管理费用		折旧费	
合计			

会计分录：

表 5-23 财产保险费分配表

2021 年 8 月   单位：元

会计科目	明细科目	费用项目	分配金额
制造费用	基本生产车间	财产保险费	
生产成本——辅助生产成本	供电车间	财产保险费	
	机修车间	财产保险费	
管理费用		财产保险费	
合计			

会计分录：

表 5-24 其他费用分配表

2021 年 8 月   单位：元

会计科目	明细科目	现金支付	银行存款支付	合 计
制造费用	基本生产车间			
生产成本——辅助生产成本	供电车间			
	机修车间			
管理费用				
合计				

会计分录：

表 5-25 辅助生产成本明细账

车间名称： 供电车间   单位：元

2021 年		凭证 字号	摘 要	直接材料	直接人工	制造费用	合计
月	日						
8	31	（略）	材料费用分配表				
（略）	（略）	（略）	工资薪酬分配表				
			计提折旧费				
			分摊财产保险费				
			其他费用				
			本月合计				
			结转各受益部门				

表 5-26 辅助生产成本明细账

车间名称：机修车间   单位：元

2021年		凭证字号	摘 要	直接材料	直接人工	制造费用	合计
月	日						
8	31	（略）	材料费用分配表				
（略）	（略）	（略）	工资薪酬分配表				
			计提折旧费				
			分摊财产保险费				
			其他费用				
			本月合计				
			结转各受益部门				

表 5-27 辅助生产费用分配表

2021 年 8 月

受益部门		供电		机修	
		供电度数/度	计划成本/元	机修工时/小时	计划成本/元
供电车间					
机修车间					
生产成本——基本生产成本	产品生产				
	一般耗费				
厂部管理部门					
合计					
实际成本					
成本差异					

表 5-28 产品生产用电分配表

2021 年 8 月

产 品	生产工时/小时	分配率	分配金额/元
甲产品			
乙产品			
合计			

会计分录：

表 5-29　制造费用明细账

车间名称：基本生产车间　　　　　　　　　　　　　　　　　　　　　　　单位：元

2021年		凭证	摘　要	材料费	人工费	折旧费	水电费	修理费	其他	合计
月	日									
8	31	（略）	材料费用分配表							
			工资薪酬分配表							
			计提折旧费							
			分摊财产保险费							
			其他费用							
			辅助生产分配表							
			本月合计							
			结转制造费用							

表 5-30　制造费用分配表

2021 年 8 月

产　品	生产工时/小时	分配率	分配金额/元
甲产品			
乙产品			
合计			

会计分录：

表 5-31　基本生产成本明细账

产品名称：甲产品　　　　　　　　　　　　　　　　　　　　　　　　　　单位：元

2021年		凭证字号	摘　要	直接材料	直接人工	制造费用	合计
月	日						
8	1	（略）	月初在产品成本				
8	31	（略）	材料费用分配表				
			职工薪酬分配表				
			生产用电分配表				
			制造费用分配表				
			本月生产费用合计				
			本月累计				
			结转完工入库产品成本				
			月末在产品成本				

表5-32 基本生产成本明细账

产品名称：乙产品 单位：元

2021年		凭证 字号	摘 要	直接材料	直接人工	制造费用	合 计
月	日						
8	1	（略）	月初在产品成本				
8	31	（略）	材料费用分配表				
			职工薪酬分配表				
			生产用电分配表				
			制造费用分配表				
			本月生产费用合计				
			本月累计				
			结转完工入库产品成本				
			月末在产品成本				

表5-33 在产品约当产量计算表

产品名称：甲产品 2021年8月

成本项目	在产品数量	投料程度（加工程度）	约当产量
直接材料			
直接人工			
制造费用			

表5-34 在产品约当产量计算表

产品名称：乙产品 2021年8月

成本项目	在产品数量	投料程度（加工程度）	约当产量
直接材料			
直接人工			
制造费用			

表5-35 产品成本计算单

产品名称：甲产品 2021年8月

摘 要	直接材料	直接人工	制造费用	合 计
月初在产品成本				
本月发生生产费用				
生产费用合计				
完工产品数量				
在产品约当产量				
约当总产量				
分配率（单位成本）				
完工产品总成本				
月末在产品成本				

表 5-36　产品成本计算单

产品名称：乙产品　　　　　　　　　　　　2021 年 8 月

摘　　要	直接材料	直接人工	制造费用	合　　计
月初在产品成本				
本月发生生产费用				
生产费用合计				
完工产品数量				
在产品约当产量				
约当总产量				
分配率（单位成本）				
完工产品总成本				
月末在产品成本				

表 5-37　完工产品成本汇总表

2021 年 8 月

成本项目	甲产品（　　件）		乙产品（　　件）	
	总成本	单位成本	总成本	单位成本
直接材料				
直接人工				
制造费用				
合计				

会计分录：

项目六

分批法的应用

一、单项选择题（每题只有一个正确答案）

1. 分批法适用于（   ）。
   - A. 单件小批的单步骤生产
   - B. 大量大批的多步骤生产
   - C. 大量大批的单步骤生产
   - D. 大量大批的生产

2. 简化的分批法与分批法的主要区别为（   ）。
   - A. 不分批计算完工产品成本
   - B. 不分批计算在产品成本
   - C. 不分批核算直接材料
   - D. 不分配加工成本

3. 采用简化的分批法，在产品完工以前，产品成本明细账（   ）。
   - A. 只登记生产工时
   - B. 只登记直接材料
   - C. 既登记直接材料，又登记生产工时
   - D. 只登记加工成本

4. 下列关于简化的分批法，说法不正确的是（   ）。
   - A. 每月发生的加工成本，不是按月在各批产品之间进行分配，而是在产品完工时，按一定比例在各批完工产品之间进行分配
   - B. 该方法所建立的基本生产成本二级账的作用是按月提供企业或车间全部产品的已分配的生产成本资料
   - C. 采用该方法大大简化了生产耗费的分配和登记工作
   - D. 该方法宜在各月加工成本水平相差不多的情况下采用

5. 分批法的成本计算单是按（   ）设置的。
   - A. 产品品种
   - B. 产品批别
   - C. 产品类别
   - D. 生产车间

6. 分批法成本计算对象通常是根据（   ）来确定的。
   - A. 客户要求
   - B. 客户订单
   - C. 产品品种
   - D. 生产步骤

7. 分批法适用的生产组织形式是（   ）生产。

    A．单件小批   B．单件   C．大量   D．成批

8. 下列成本计算方法中，必须设置基本生产成本二级账的是（   ）。

    A．累计间接费用分配法   B．品种法

    C．分步法   D．分类法

9. 产品成本法计算的分批法又称为（   ）。

    A．订单法   B．简化分批法

    C．累计间接费用分配率法   D．定额法

10. 采用累计间接费用分配率法计算成本时，在各批产品完工之前，产品成本明细账上（   ）。

    A．只登记间接费用   B．只登记直接材料费用

    C．不登记任何费用   D．只登记直接材料费用和生产工时

11. 在简化分批法下，（   ）。

    A．要计算月末在产品成本

    B．不计算月末在产品的直接材料成本

    C．月末在产品不分配结转间接计入费用

    D．月末在产品要分配结转间接计入费用

12. 不宜在下列情况下采用简化分批法的是（   ）。

    A．月末未完工产品批数较多   B．投产批量繁多

    C．各月间接费用水平相差较大   D．将相同产品合为一批组织生产

13. 简化分批法又称为（   ）。

    A．累计间接费用分配法   B．订单法

    C．一般分批法   D．定额法

二、多选题（每题有两个或两个以上正确答案）

1. 采用分批法，如果批内产品跨月陆续完工的情况不多，而且完工产品数量占全部批量的比重很小，月末计算成本时先完工的产品成本可以（   ）。

    A．按最近一期相同产品的单位成本计算

    B．按定额单位成本计算

    C．按计划单位成本计算

    D．忽略在产品成本

2．采用简化的分批法（　　）。

    A．必须设置生产成本二级账

    B．不分批计算在产品成本

    C．在产品完工之前，产品成本明细账只登记直接材料和生产工时

    D．在生产成本二级账中只登记加工成本

    E．在生产成本二级账中不但登记加工成本，而且登记生产工时和直接材料

3．采用简化的分批法，必须具备的条件有（　　）。

    A．月末未完工产品的批数较少

    B．月末未完工产品的批数较多

    C．各个月份加工成本的水平相差不多

    D．各个月份加工成本的水平相差较多

    E．有完整工时消耗定额基础

4．分批法具有的特点是（　　）。

    A．成本计算对象是工作号所列的一件货物或一批产品

    B．成本计算期与该批产品的生产周期一致

    C．成本计算期与该企业的会计报告期不一致

    D．一般不存在生产耗费在完工产品与在产品之间分配费用的问题

5．分批法的成本计算对象可以是（　　）。

    A．产品批次　　　B．订单　　　　　　C．单件产品　　　D．生产步骤

6．产品成本计算分批法的特点是（　　）。

    A．间接费用月末必须全部进行分配

    B．按产品批别开设产品成本计算单

    C．通常不存在生产费用在完工产品和月末在产品之间分配的问题

    D．成本计算期不固定，应随各批别产品的生产周期而定

7．分批法适用于（　　）。

    A．小批生产

    B．单件生产

    C．简单生产

    D．管理上不要求分步计算成本的复杂生产

8. 简化分批法的应用条件是（　　）。

　　A．同一月份投产的产品批次很少　　　B．各月生产费用水平相差不多

　　C．各月间接费用水平相差不多　　　　D．月末未完工产品的批数较多

9. 一般分批法，若小批生产的批内产品跨月完工较少时，完工产品成本可采用（　　）。

　　A．约当产量法　　　　　　　　　　　B．计划单位成本

　　C．定额单位成本　　　　　　　　　　D．近期同类产品的实际单位成本

10. 采用简化的分批法，（　　）。

　　A．必须设置基本生产成本二级账

　　B．在产品完工之前，产品成本明细账只登记直接材料和生产工时

　　C．在基本生产成本二级账中只登记间接费用

　　D．不分批计算在产品成本

11. 下列关于分批法的说法中不正确的有（　　）。

　　A．分批法也称为定额法

　　B．分批法适用于大量大批的简单生产企业

　　C．如果一张订单中规定有几种产品，也可合为一批组织生产

　　D．按产品批别计算产品成本就是按照订单计算产品成本

12. 采用分批法时，作为成本计算对象的某一批别可以是（　　）。

　　A．同一订单中的不同产品　　　　　　B．不同订单中的同种产品

　　C．不同订单中的不同产品　　　　　　D．同一订单同种产品的组成部分

13. 采用分批法计算产品成本的企业有（　　）。

　　A．发电企业　　　　　　　　　　　　B．造船企业

　　C．冶炼企业　　　　　　　　　　　　D．重型机器制造企业

三、判断题（正确的请在括号内打上"√"，错误的打上"×"）

（　　）1. 在采用分批法计算产品成本的情况下，成本计算期与各批别产品的生产周期一致，与会计报告期不一致。

（　　）2. 分批法也称为订单法，实际上是几个品种法的分别应用。

（　　）3. 分批法是以产品的批别作为成本计算对象，若一批别产品的数量只有一件，则成本计算对象就是该种产品。

（　　）4. 分批法下，生产耗费一般不需要在完工产品和在产品之间分配。

（　　）5．简化的分批法就是不分批别计算产品成本的分批法。

（　　）6．只要产品批数多，就应该采用简化的分批法。

（　　）7．采用简化的分批法，在没有完工产品的月份，各批别产品成本明细账中只登记各项加工成本。

（　　）8．为了使同一批产品同时完工，避免跨月陆续完工的情况，减少在完工产品与月末在产品之间分配费用的工作，产品的批量越少越好。

（　　）9．简化的分批法下，各批别产品的月末在产品成本是以合计数额保留在基本生产成本二级账上的。

（　　）10．分批法和简化分批法的主要区别在于是否设置生产成本二级账。

（　　）11．采用分批法时，如果批内产品跨月陆续完工情况不多，完工产品数量占全部批量比重较小，跨月完工产品可按计划或定额成本计算。

（　　）12．在月末未完工产品批数较多的情况下，不适宜采用简化的分批法。

（　　）13．分批法一般是根据用户的订单组织生产的，在一份订单中即便存在多种产品也应合为一批组织生产。

（　　）14．分批法的批别是依据生产计划部门签发的"生产任务通知书"确定的，供应部门据以备料，生产部门据此安排生产，财会部门据此设置成本计算单。

（　　）15．分批法一般是以产品批别为成本计算对象，归集费用，计算产品成本的一种方法。

（　　）16．如果各月份的间接费用水平相差悬殊，采用累计间接费用分配法会影响各月成本计算的准确性。

（　　）17．采用简化的分批法，基本生产成本二级账的余额应与各批别产品成本明细账的余额之和核对相符。

四、实务操作题

【案例一】江红机械厂根据客户的要求，小批生产 A、B 和 C 三种产品，采用分批法计算产品成本。各批别产品的原材料均系生产开工时一次投入。2021 年 5 月份有关资料如下。

（1）3 月份投产 A 产品 40 件，批别为 3012，本月全部完工；4 月份投产 B 产品 240 件，批别为 4008，本月完工 200 件；5 月份投产 D 产品 60 件，批别为 5019，本月没有完工产品。

（2）各批别产品月初在产品成本和本月发生费用见基本生产成本明细账（见

表 6-2、表 6-3)。

（3）B 产品费用按约当产量法在完工产品和月末在产品之间分配。

要求：表 6-1 为第 4008 批次 B 产品月末在产品数量及完工程度，请计算在产品的约当产量，并补充到表 6-1 中。运用一般分批法原理计算各批完工产品成本和月末在产品成本，并登记基本生产成本明细账（见表 6-2~表 6-4）。

表 6-1 第 4008 批次 B 产品月末在产品数量及完工程度

工序	完工程度/%	在产品数量/件	在产品约当产量/件
1	25	8	
2	50	12	
3	60	20	
合计		40	

表 6-2 基本生产成本明细账

产品批别：3012　　　　投产日期：3 月 18 日　　　　批量：40 件
产品名称：A 产品　　　　完工产量：40 件　　　　完工日期：5 月 26 日

2021 年		摘要	直接材料	直接人工	制造费用	合计
月	日					
3	31	本月发生费用/元	1 374 000	24 250	57 550	1 455 800
4	30	本月发生费用/元	—	69 750	106 450	176 200
5	31	本月发生费用/元	—	50 000	36 000	86 000
5	31	累计生产费用/元				
5	31	转出完工产品成本/元				
5	31	单位成本/（元·件⁻¹）				
5	31	月末在产品成本/元				

表 6-3 基本生产成本明细账

产品批别：4008　　　　投产日期：4 月 10 日　　　　批量：240 件
产品名称：B 产品　　　　本月完工：200 件　　　　在产品：40 件

2021 年		摘要	直接材料	直接人工	制造费用	合计
月	日					
4	30	本月发生费用/元	552 000	24 760	33 680	610 440
5	31	本月发生费用/元	—	72 840	56 320	129 160
5	31	累计生产费用/元				
5	31	约当总产量/件				
5	31	单位成本/（元·件⁻¹）				
5	31	转出完工产品成/元				
5	31	月末在产品成本/元				

表6-4　基本生产成本明细账

产品批别：5019　　　　　　　　投产日期：5月26日　　　　　　　　批量：60件
产品名称：C产品　　　　　　　　本月完工：　　　　　　　　　　在产品：60件

2021年		摘要	直接材料	直接人工	制造费用	合计
月	日					
5	31	本月发生费用/元	730 976	2 712	4 872	738 560

【案例二】永江机械厂生产组织属于小批生产，由于产品批数繁多，而且月末有许多批号未完工，为了简化成本计算工作，采用简化的分批法计算产品成本。各批产品的原材料均系生产开工时一次投入。该企业8月份各批别生产量资料和基本生产成本二级账相关资料如表6-5和表6-6所示。

表6-5　8月份各批别生产量资料

订单号	产品名称	投产量/件	投产日期	本月完工/件	月末在产品/件
808	甲产品	200	6月22日	190	10
809	乙产品	80	7月6日	50	30
810	丙产品	110	7月16日	90	20
811	丁产品	40	8月18日		40

表6-6　基本生产成本二级账

（各批全部产品总成本）

2021		摘要	直接材料	生产工时	直接人工	制造费用	合计
月	日						
6	30	本月发生	11 800 元	600 小时	4 327 元	948 元	17 075 元
7	31	本月发生	17 730 元	2 155 小时	7 009 元	6 864 元	31 603 元
8	31	本月发生	26 160 元	2 845 小时	3 224 元	2 268 元	31 652 元
8	31	累计发生费用和生产工时					
8	31	累计间接计入费用分配率					
8	31	本月完工产品转出成本		3 260 元			
8	31	月末在产品成本					

要求：运用简化分批法原理计算8月份已完工产品成本，并将计算结果登记在各产品基本生产成本明细账上，如表6-7~表6-10所示。

表 6-7 基本生产成本明细账

产品批别：808　　　　　　　投产日期：6 月 22 日　　　　　　　完工日期：

产品名称：甲产品　　　　　　产品批量：200 件　　　　　　　本月完工：190 件

2021		摘要	直接材料	生产工时	直接人工	制造费用	合计
月	日						
6	30	本月发生	11 800 元	600 小时			
7	31	本月发生	4 330 元	410 小时			
8	31	本月发生	3 670 元	345 小时			
8	31	累计发生费用和生产工时					
8	31	累计间接入费计入费用分配率					
8	31	本月完工产品转出成本		1 140 元			
8	31	月末在产品成本					

表 6-8 基本生产成本明细账

产品批别：809　　　　　　　投产日期：7 月 6 日　　　　　　　完工日期：

产品名称：乙产品　　　　　　产品批量：80 件　　　　　　　本月完工：50 件

2021		摘要	直接材料	生产工时	直接人工	制造费用	合计
月	日						
7	31	本月发生	6 100 元	815 小时			
8	31	本月发生	4 300 元	620 小时			
8	31	累计发生费用和生产工时					
8	31	累计间接入费计入费用分配率					
8	31	本月完工产品转出成本		1 205 元			
8	31	月末在产品成本					

表 6-9 基本生产成本明细账

产品批别：810　　　　　　　投产日期：7 月 16 日　　　　　　　完工日期：

产品名称：丙产品　　　　　　产品批量：110 件　　　　　　　本月完工：90 件

2021		摘要	直接材料	生产工时	直接人工	制造费用	合计
月	日						
7	31	本月发生	7 300 元	930 小时			
8	31	本月发生	4 910 元	540 小时			
8	31	累计发生费用和生产工时					
8	31	累计间接入费计入费用分配率					
8	31	本月完工产品转出成本		915 元			
8	31	月末在产品成本					

表 6-10　基本生产成本明细账

产品批别：811　　　　　投产日期：8 月 18 日　　　　　完工日期：
产品名称：丁产品　　　　产品批量：40 件　　　　　　　本月完工：

2021		摘要	直接材料	生产工时	直接人工	制造费用	合计
月	日						
8	31	本月发生	13 280 元	1 340 小时			

【案例三】某企业采用简化分批法计算甲产品各批别产品成本，3 月份各批产品成本明细账中相关资料如下。

1023 批别：1 月份投产 22 件，本月全部完工，累计原材料费用 79 750 元，累计耗用工时 8 750 小时。

2011 批别：2 月份投产 30 件，本月完工 20 件，累计原材料费用 108 750 元，累计耗用工时 12 152 小时；原材料在生产开始时一次投入；月末在产品完工程度为80%，采用约当产量法分配所耗工时。

3015 批别：本月投产 5 件，全部未完工；累计原材料费用 18 125 元，累计耗用工时 2 028 小时。

基本生产成本二级账归集累计间接计入费用为工资及福利费 36 688 元，制造费用 55 032 元。

要求：根据以上材料计算累计间接计入费用分配率和甲产品各批完工产品成本（见表 6-11～表 6-14）。

表 6-11　基本生产成本二级账

（各批别全部产品总成本）

2021		摘要	直接材料	生产工时	直接人工	制造费用	合计
月	日						
3	31	本月发生			36 688 元	55 032 元	
8	31	累计发生费用和生产工时					
8	31	累计间接计入费用分配率					
8	31	本月完工产品转出成本					
8	31	月末在产品成本					

表6-12 基本生产成本明细账

产品批别：1023　　　　　　　　投产日期：1月22日　　　　　　　完工日期：3月31日

产品名称：甲产品　　　　　　　　产品批量：22件　　　　　　　　本月完工：22件

2021		摘要	直接材料	生产工时	直接人工	制造费用	合计
月	日						
3	31	本月发生	79 750 元	8 750 小时			
3	31	累计发生费用和生产工时					
3	31	累计间接计入费用分配率					
3	31	本月完工产品转出成本					
3	31	月末在产品成本					

表6-13 基本生产成本明细账

产品批别：2011　　　　　　　　投产日期：2月20日　　　　　　　完工日期：

产品名称：甲产品　　　　　　　　产品批量：30件　　　　　　　　本月完工：20件

2021		摘要	直接材料	生产工时	直接人工	制造费用	合计
月	日						
3	31	本月发生	108 750 元	12 152 小时			
3	31	累计发生费用和生产工时					
3	31	累计间接计入费用分配率					
3	31	本月完工产品转出成本					
3	31	月末在产品成本					

表6-14 基本生产成本明细账

产品批别：3015　　　　　　　　投产日期：3月28日　　　　　　　完工日期：

产品名称：甲产品　　　　　　　　产品批量：5件　　　　　　　　本月完工：

2021		摘要	直接材料	生产工时	直接人工	制造费用	合计
月	日						
3	31	本月发生	18 125 元	2 028 小时			
3	31	累计发生费用和生产工时					
3	31	累计间接计入费用分配率					
3	31	本月完工产品转出成本					
3	31	月末在产品成本					

【案例四】某企业生产甲、乙两种产品，生产组织属于小批生产，采用分批法计算成本。

（1）本月（5月）生产的产品产品情况如下。9414批别：甲产品10台，本月投产，本月完工6台；9415批别：乙产品10台，本月投入，本月完工2台。

（2）本月（5月）各批号的生产费用资料如表6-15所示。

表 6-15　各批号的生产费用资料　　　　　　　　　　　　单位：元

批别	直接材料	直接人工	制造费用
9414	3 360	2 350	2 800
9415	4 600	3 050	1 980

9414 批别甲产品完工数量较大，原材料在生产开始时一次投入，其他费用在完工产品与在产品之间采用约当产量法分配，在产品完工程度为 50%。

9415 批别乙产品完工数量少，完工产品按计划成本结转。每台产品计划成本：直接材料 460 元，直接人工 350 元，制造费用 240 元。

要求：根据上述资料，采用分批法登记产品成本明细账（见表 6-16、表 6-17），计算各批产品的完工产品成本和月末在产品成本。

表 6-16　基本生产成本明细账

产品批别：9414　　　　　　　投产日期：5 月 3 日　　　　　　　　批量：10 件

产品名称：甲产品　　　　　　完工产量：6 件　　　　　　　　　　完工日期：

2021 年		摘要	直接材料	直接人工	制造费用	合计
月	日					
5	31	本月发生费用				
5	31	累计生产费用				
5	31	约当总产量				
5	31	转出完工产品成本				
5	31	月末在产品成本				

表 6-17　基本生产成本明细账

产品批别：9415　　　　　　　投产日期：5 月 4 日　　　　　　　　批量：10 件

产品名称：乙产品　　　　　　完工产量：2 件　　　　　　　　　　完工日期：

2021 年		摘要	直接材料	直接人工	制造费用	合计
月	日					
5	31	本月发生费用				
5	31	累计生产费用				
5	31	完工产品计划单位成本				
5	31	转出完工产品成本				
5	31	月末在产品成本				

项目七

分步法的应用

一、单选题（每题只有一个正确答案）

1. 分步法以（   ）作为成本计算对象。

   A. 产品批别　　　　　　　　　　B. 产品品种

   C. 产品类别　　　　　　　　　　D. 产品的生产步骤

2. 大量大批多步骤生产，管理上要求分步骤计算产品成本的企业，应采用（   ）计算产品成本。

   A. 品种法　　　B. 分批法　　　C. 分步法　　　D. 分类法

3. 分步法适用于（   ）的企业。

   A. 大量大批生产　　　　　　　　B. 小批单件生产

   C. 单步骤生产法　　　　　　　　D. 大量大批多步骤生产

4. 下列不属于分步法特点的是（   ）。

   A. 产品成本计算对象是各生产步骤的产品

   B. 各月生产费用要在完工产品和在产品之间分配

   C. 成本计算期与产品生产周期一致

   D. 成本计算期与会计报告期一致

5. 综合结转分步法实际上就是各生产步骤相互间多个（   ）的连接应用。

   A. 品种法　　　B. 分批法　　　　C. 分步法　　　D. 定额法

6. 成本还原的对象为（   ）。

   A. 各步骤所耗上一步骤半成品的综合成本

   B. 各步骤半成品成本

C. 最后步骤的产成品成本

D. 最后步骤所耗上一步骤半成品的综合成本

7. 成本还原是从（   ）生产步骤起，将其耗用上一步骤的自制半成品的综合成本，逐步还原成按原始成本项目反映的产成品资料。

    A. 最前一个　　　　B. 中间一个　　　　C. 任选一个　　　　D. 最后一个

8. 某种产品由三个生产步骤组成，采用逐步结转分步法计算成本。本月第一生产步骤转入第二生产步骤的生产费用为 2 100 元，第二生产步骤转入第三生产步骤的生产费用为 4 400 元。本月第三生产步骤发生的费用为 2 500（不包括上一生产步骤转入的费用），第三生产步骤月初在产品费用为 800 元，月末在产品费用为 900 元，本月该种产品的产成品成本为（   ）元。

    A. 8 900　　　　　B. 6 800　　　　　C. 7 000　　　　　D. 3 900

9. 成本还原分配率的计算公式是（   ）。

    A. 本月所产半成品成本合计÷本月产成品成本所耗该种半成品费用

    B. 本月产成品成本所耗上一步骤半成品费用÷本月所产半成品成本合计

    C. 本月产品成本合计÷本月产成品成本所耗半成品费用

    D. 本月产成品成本所耗半成品费用÷本月产品成本合计

10. 平行结转分步法是（   ）。

    A. 各步骤只对本步骤生产的半成品进行平行结转

    B. 各步骤只计算本步骤自己所发生的各种生产费用及这些费用中应计入完工产品成本的"份额"

    C. 各步骤只计算本步骤发生的各种费用

    D. 各步骤不生产半成品，所以无须计算半成品成本

11. 采用平行结转分步法，第二生产步骤的广义在产品不包括（   ）

    A. 第一生产步骤正在加工中的在产品

    B. 第二生产步骤正在加工中的在产品

    C. 第二生产步骤完工入库的半成品

    D. 第三生产步骤正在加工中的在产品

12. 产品成本计算的分步法是（   ）。

    A. 分车间计算成本的方法

    B. 计算各步骤半成品和最后步骤产品成本的方法

C．按生产步骤计算产品成本的方法

D．计算产品成本中各步骤"产成品份额"的方法

13．采用逐步结转分步法，按综合项目结转时，在原材料一次投入的情况下，上一步骤完工半成品成本与其下一步骤成本计算单中的"自制半成品"项目的本月发生额（　　）。

A．必然相等

B．必然不等

C．前者大于后者

D．当上一步骤完工半成品全部转入下步骤继续加工时，是相等的

14．采用（　　），为反映原始成本项目，必须进行成本还原。

A．逐步综合结转法　　　　　　　B．逐步分项结转法

C．逐步结转法　　　　　　　　　D．平行结转法

15．狭义在产品是指（　　）。

A．本步骤正在加工的在产品

B．本步骤已完工转入半成品库的半成品

C．已从半成品库转到以后各步骤进一步加工，尚未最后完成的在产品

D．已从半成品库转到以后各步骤进一步加工，最后完成的产成品

二、多选题（每题有两个或两个以上正确答案）

1．分步法可进一步细分为（　　）等多种方法。

A．逐步结转分步法　　　　　　　B．多步结转分步法

C．同步结转分步法　　　　　　　D．平行结转分步法

2．下列关于分步法的说法，正确的有（　　）。

A．月末一般存在在产品　　　　　B．成本计算每月月末进行

C．成本计算期与产品生产周期一致　D．成本计算期与会计报告期一致

3．采用分步法时，作为成本计算对象的生产步骤可以（　　）设立。

A．按实际生产步骤　　　　　　　B．按生产车间

C．在一个车间内按不同生产步骤　D．将几个车间合并

4．平行结转分步法的特点是（　　）。

A．不计算各步骤半成品的成本　　B．半成品实物转移但是成本不结转

C．在产品是指广义在产品　　　　D．在产品是指狭义在产品

5. 采用平行结转分步法，每一步骤的生产费用要在其完工产品和月末在产品之间进行分配。如果某产品生产分三步骤在三个车间进行，则第二车间的在产品包括（　　）。

    A. 第一车间尚未完工产品　　　　　　B. 第二车间尚未完工产品

    C. 第三车间尚未完工产品　　　　　　D. 第三车间完工产品

6. 在一般情况下，采用逐步结转法计算产品成本的企业有（　　）。

    A. 纺织厂　　　　B. 造纸厂　　　　C. 钢铁厂　　　　D. 汽车制造厂

7. 逐步结转分步法的主要特点有（　　）。

    A. 在产品的含义是狭义在产品

    B. 在产品的含义是广义在产品

    C. 半成品成本随实物的转移而结转

    D. 半成品成本不随实物的转移而结转

8. 采用逐步结转分步法，按照结转的半成品成本在下一步骤产品成本明细账中的反映方法，分为（　　）。

    A. 综合结转法　　　　　　　　　　　B. 分项结转法

    C. 按实际成本结转　　　　　　　　　D. 按计划成本结转

9. 逐步结转分步法的特征有（　　）。

    A. 管理上要求计算半成品成本

    B. 最后生产步骤计算的是产成品成本

    C. 半成品实物转移成本随之结转

    D. 期末在产品指狭义在产品

10. 所谓成本还原就是将完工产品所耗用的上一步骤半成品的综合成本分解还原为原始的（　　）等项目的一种成本计算工作。

    A. 直接支出　　　B. 直接人工　　　C. 直接材料　　　D. 制造费用

11. 综合结转分步法（　　）。

    A. 能够反映所耗上一步骤半成品的水平

    B. 能够反映所耗上一步骤半成品的成本构成

    C. 能够反映本步骤加工费用水平

    D. 需要进行成本还原

12. 逐步结转分步法计算成本的优点是（　　）。

    A. 能够直接提供按原始成本项目反映的产成品资料

B．能够全面反映各步骤产品的生产耗用水平

C．能够为各生产步骤在产品的实物管理和资金管理提供资料

D．能够提供各个生产步骤的半成品成本资料

13．平行结转分步法的适用情况是（　　）。

A．半成品对外销售

B．半成品不对外销售

C．管理上不要求提供各步骤半成品资料

D．半成品种类较多，逐步结转半成品成本工作量较大

14．广义在产品包括（　　）。

A．尚在本步骤加工中的在产品

B．本步骤已完工转入半成品库的半成品

C．已从半成品库转到以后各步骤进一步加工，尚未最后完成的在产品

D．已从半成品库转到以后各步骤进一步加工，最后完成的产成品

15．平行结转分步法下，只计算（　　）。

A．各步骤半成品费用

B．各步骤发生的费用和上一步骤转入的费用

C．本步骤发生的费用

D．本步骤发生的费用应计入完工产成品的份额

三、判断题（正确的请在括号内打上"√"，错误的打上"×"）

（　　）1．在生产工艺采用多步骤生产的企业，都要求按照生产步骤分步计算成本。

（　　）2．分步法按其是否计算各步骤半成品的成本，可分为逐步结转分步法和平行结转分步法。

（　　）3．分步法是产品成本计算的最基本方法。

（　　）4．产品成本计算的分步法是指按照产品的生产步骤归集生产费用，计算产品成本，它主要适用于大量大批的单步骤生产。

（　　）5．在逐步结转分步法下，半成品的收发都应通过"自制半成品"科目核算，而在平行结转分步法下，半成品的收发可以不通过"自制半成品"科目核算。

（　　）6．分项结转法能够提供按原始成本项目反映的产成品成本资料，不必进行成本还原。

（　　）7．成本还原的目的是求得按原始成本项目反映的产成品资料。

（　　）8．综合结转分步法有利于从整个企业的角度分析和考核产成品成本的构成。

（　　）9．无论是综合结转还是分项结转，半成品都要随着实物的转移而结转。

（　　）10．逐步结转分步法实际上就是品种法的多次连续应用。

（　　）11．大量大批的多步骤生产企业都应按分步法计算成本。

（　　）12．逐步结转分步法需等待上一步骤半成品成本的结转，成本计算速度较慢。

（　　）13．逐步结转分步法的在产品是指狭义在产品，仅指本步骤正在加工中的在产品。

（　　）14．逐步结转分步法和平行结转分步法各步骤生产费用的分配只能采用约当产量比例法，不能采用其他方法。

（　　）15．平行结转分步法适用于半成品较少、管理上要求分步骤计算各步骤半成品成本的企业。

四、实务操作题

【案例一】某企业大量生产甲产品，依次经过两个生产步骤，分设两个车间进行加工。原材料在生产开始时一次投入，其他费用陆续发生，各步骤完工的半成品不通过半成品库收发，半成品成本按实际成本结转。各步骤生产费用分配采用约当产量比例法，在产品完工率均为 50%。各车间半成品和产成品本月产量及有关费用资料如表 7-1、表 7-2 所示。

表 7-1　产品产量记录

2021 年 8 月 　　　　　　　　　　　　　　　　　　　　　　　　　单位：件

摘要	一车间甲半成品	二车间甲产成品
月初在产品	120	100
本月投入	460	480
本月完工	480	520
月末在产品	100	60

表 7-2　费用资料

2021 年 8 月 　　　　　　　　　　　　　　　　　　　　　　　　　单位：万元

摘要	车间	直接材料	直接人工	制造费用	合计
月初在产品成本	一车间	1 210	940	1 320	3 470
	二车间	3 780	2 910	1 760	8 450
本月发生费用	一车间	17 350	8 600	12 460	38 410
	二车间		1 100	3 360	4 460

要求：根据上述资料，采用逐步分项结转分步法计算甲产品成本，并编制相关会计分录，登记相关产品基本生产成本明细账，如表 7-3、表 7-4 所示。

表 7-3　基本生产成本明细账

车间名称：一车间

产品名称：甲半成品　　　　　　　　　　　2021 年 8 月　　　　　　　　　　　完工产量：　件

摘要	直接材料	直接人工	制造费用	合计
月初在产品成本/万元				
本月发生费用/万元				
合计/万元				
约当总产量/件				
单位成本/（万元·件$^{-1}$）				
完工半成品成本/万元				
月末在产品成本/万元				

表 7-4　基本生产成本明细账

车间名称：二车间

产品名称：甲产成品　　　　　　　　　　　2021 年 8 月　　　　　　　　　　　完工产量：　件

摘要	自制半成品	直接人工	制造费用	合计
月初在产品成本/万元				
一车间转入/万元				
本车间投入/万元				
合计/万元				
约当总产量/件				
单位成本/（万元·件$^{-1}$）				
完工产品成本/万元				
月末在产品成本/万元				

会计分录：

【案例二】某企业大量生产乙产品，依次经过三个生产车间，原材料在生产开始时一次投入，其他费用陆续发生，各步骤完工的半成品不通过半成品库收发，半成品成本按实际成本综合结转，各车间生产费用采用约当产量法比例法分配，在产品完工率均为 50%。各车间自制半成品和产成品本月产量及相关费用资料如表 7-5、表 7-6 所示（计算结果保留两位小数）。

表 7-5　产品产量记录

2021 年 8 月　　　　　　　　　　　　　　　　　　单位：件

摘　　要	一车间 A 半成品	二车间 B 半成品	三车间乙产品
月初在产品	60	40	50
本月投入	200	220	200
本月完工	220	200	150
月末在产品	40	60	100

表 7-6　费用资料

2021 年 8 月　　　　　　　　　　　　　　　　　　单位：万元

摘　　要	车间	直接材料	直接人工	制造费用	合计
月初在产品成本	一车间	1 400	80	120	1 600
	二车间	740	120	300	1 160
	三车间	6 500	100	150	6 750
本月发生费用	一车间	17 320	400	600	18 320
	二车间		1 950	1 540	3 490
	三车间		900	1 250	2 150

要求：（1）根据上述资料，采用逐步综合结转分步法计算乙产品成本，并编制相关会计分录，登记相关产品基本生产成本明细账，如表 7-7～表 7-9 所示。

（2）采用成本还原分配率法对乙产品成本进行还原，计算结果填入表 7-10。

表 7-7　基本生产成本明细账

车间名称：一车间

产品名称：A 半成品　　　　　　　　　2021 年 8 月　　　　　　　　　完工产量：　　件

摘　　要	直接材料	直接人工	制造费用	合计
月初在产品成本/万元				
本月发生费用/万元				
合计/万元				
约当总产量/件				
单位成本/（万元·件$^{-1}$）				
完工半产品成本/万元				
月末在产品成本/万元				

表 7-8　基本生产成本明细账

车间名称：二车间

产品名称：B 半成品　　　　　　　　　2021 年 8 月　　　　　　　　　完工产量：　　件

摘要	自制半成品	直接人工	制造费用	合计
月初在产品成本/万元				
本月发生费用/万元				
合计/万元				
约当总产量/件				
单位成本/（万元·件$^{-1}$）				
完工半产品成本/万元				
月末在产品成本/万元				

表 7-9　基本生产成本明细账

车间名称：三车间

产品名称：乙产成品　　　　　　　　　2021 年 8 月　　　　　　　　　完工产量：　　件

摘要	自制半成品	直接人工	制造费用	合计
月初在产品成本/万元				
本月发生费用/万元				
合计/万元				
约当总产量/件				
单位成本/（万元·件$^{-1}$）				
完工产品成本/万元				
月末在产品成本/万元				

会计分录：

表 7-10　产品成本还原计算表

2021 年 8 月

项目	成本还原率	自制半成品 B	自制半成品 A	直接材料	直接人工	制造费用	合计
还原前产成品成本							
二车间半成品成本							
第一次成本还原							
一车间半成品成本							
第二次成本还原							
还原后产成品成本							
产品单位成本							

【案例三】某企业经过三个制造车间大量生产丙产品。原材料在第一车间一次投入，在生产过程中第二车间单位产品耗用第一车间半成品 1 件，第三车间单位产品耗用第二车间半成品 1 件。该企业采用平行结转分步法计算产品成本，月末在产品成本按约当产量计算，在产品完工程度均为 50%。该企业 2021 年 8 月份有关产量及成本费用资料如表 7-11、表 7-12 所示。

表 7-11　产量记录

2021 年 8 月　　　　　　　　　　　　　　　　　　单位：件

摘要	一车间	二车间	三车间	产成品
月初在产品	100	180	100	
本月投入或上步骤转入	700	600	660	
本月完工	600	660	600	600
月末在产品	200	120	160	

表 7-12　成本费用资料

2021 年 8 月　　　　　　　　　　　　　　　　　　单位：元

摘要	车间	直接材料	直接人工	制造费用	合计
月初在产品成本	一车间	14 240	7 140	6 340	27 720
	二车间		4 520	5 350	9 870
	三车间		5 360	6 720	12 080
本月发生费用	一车间	199 600	30 100	38 740	268 440
	二车间		17 620	18 430	36 050
	三车间		19 120	21 840	40 960

要求：根据上述资料计算丙产品成本，计算结果填入表 7-13～表 7-16。

表 7-13　基本生产成本明细账

车间名称：一车间

产品名称：丙产品　　　　　　　　　　2021 年 8 月　　　　　　　　　　完工产量：　件

摘要	直接材料	直接人工	制造费用	合计
月初在产品成本				
本月发生费用				
合计				
约当总产量				
分配率				
计入产成品成本				
月末广义在产品成本				

表 7-14　基本生产成本明细账

车间名称：二车间

产品名称：丙产品　　　　　　　　　　　　2021 年 8 月　　　　　　　　　　完工产量：　　件

摘要	直接材料	直接人工	制造费用	合计
月初在产品成本				
本月发生费用				
合计				
约当总产量				
分配率				
计入产成品成本				
月末广义在产品成本				

表 7-15　基本生产成本明细账

车间名称：三车间

产品名称：丙产品　　　　　　　　　　　　2021 年 8 月　　　　　　　　　　完工产量：　　件

摘要	直接材料	直接人工	制造费用	合计
月初在产品成本				
本月发生费用				
合计				
约当总产量				
分配率				
计入产成品成本				
月末广义在产品成本				

表 7-16　产品成本汇总表

产品名称：丙产品　　　　　　　　　　　　2021 年 8 月　　　　　　　　　　完工产量：　　件

摘要	直接材料	直接人工	制造费用	合计
一车间份额				
二车间份额				
三车间份额				
产成品总成本				
产品单位成本				

项目八

成本计算辅助方法的应用

一、单项选择题（每题只有一个正确答案）

1. 属于产品成本计算辅助方法的是（　　）。

   A. 品种法　　　　B. 分批法　　　　C. 分类法　　　　D. 分步法

2. 分类法的适用范围是（　　）。

   A. 大量大批单步骤生产　　　　　　B. 小批单件单步骤生产

   C. 大量大批多步骤生产　　　　　　D. 各种类型的生产

3. 分类法的特点是（　　）。

   A. 按照产品品种计算产品成本

   B. 按照产品类别计算产品成本

   C. 按照产品类别归集生产费用，计算产品成本

   D. 按照产品类别归集生产费用，计算产品成本，并采用一定的方法将该类
      完工产品成本分配给类别内各种产品

4. 某企业将甲、乙两种产品归为一类，采用分类法计算产品成本。甲、乙两种
产品共同耗用某种材料，消耗定额分别为 24 千克和 30 千克，每千克材料的单位成
本为 8 元。该企业将甲产品作为标准产品，则乙产品的直接材料费用系数为（　　）。

   A. 0.8　　　　　B. 1.25　　　　　C. 4　　　　　D. 6.25

5. 采用分类法计算产品成本，目的在于（　　）。

   A. 分品种计算产品成本　　　　　　B. 分类别计算产品成本

   C. 分步骤计算产品成本　　　　　　D. 简化成本计算工作

6. 分类法按照（　　）设置生产成本明细账。

   A. 品种　　　　　B. 批别　　　　　C. 类别　　　　　D. 步骤

7．采用分类法是为了（　　）。

A．适应生产组织的特点　　　　　B．适应生产工艺的特点

C．简化成本计算工作　　　　　　D．满足企业管理的需要

8．定额法的特点是（　　）。

A．预先制订定额

B．费用发生时揭示差异

C．在定额成本的基础上加减各种差异，计算产品的实际成本

D．以上三点都具备

9．直接材料定额成本的计算公式是（　　）。

A．产品材料定额消耗量×材料实际单价

B．产品材料定额消耗量×材料计划单价

C．产品材料实际消耗量×材料实际单价

D．产品材料实际消耗量×材料计划单价

10．制造费用定额成本的计算公式是（　　）。

A．产品定额工时×每小时计划制造费用率

B．产品实际工时×每小时计划制造费用率

C．产品定额工时×每小时实际制造费用率

D．产品实际工时×每小时实际制造费用率

11．直接材料脱离定额差异是（　　）。

A．材料实际耗用量×材料计划单价

B．材料定额耗用量×材料计划单价

C．（材料实际耗用量–材料定额耗用量）×材料计划单价

D．（材料实际耗用量–材料定额耗用量）×材料实际单价

12．某产品直接材料费用定额成本为 10 000 元，直接材料脱离定额差异为–2 000 元，材料成本差异率为–1%，该产品应分配的材料成本差异为（　　）。

A．20 元　　　　　B．–80 元　　　　　C．–100 元　　　　D．–120 元

13．采用定额成本法时，当消耗定额降低时，月初在产品的定额成本调整数和定额变动差异数（　　）。

A．两者都是正数　　　　　　　　B．两者都是负数

C．前者是正数，后者是负数　　　D．前者是负数，后者是正数

14．在定额成本法下，如果月初在产品定额变动差异是正数，则说明（   ）。

    A．以前月份生产耗费超支了　　　　B．以前月份生产耗费降低了

    C．本月份生产耗费超支了　　　　　　D．本月份生产耗费降低了

15．定额成本法下，定额变动系数的计算方法是（   ）。

    A．$\dfrac{\text{单位产品新旧定额的差额}}{\text{按新定额计算的单位产品定额成本}}$

    B．$\dfrac{\text{单位产品新旧定额的差额}}{\text{按旧定额计算的单位产品定额成本}}$

    C．$\dfrac{\text{按新定额计算的单位产品定额成本}}{\text{按旧定额计算的单位产品定额成本}}$

    D．$\dfrac{\text{按旧定额计算的单位产品定额成本}}{\text{按新定额计算的单位产品定额成本}}$

二、多选题（每题有两个或两个以上正确答案）

1．与产品生产类型没有直接联系的成本计算方法有（   ）。

    A．品种法　　　　B．分类法　　　　C．分批法

    D．分步法　　　　E．定额法

2．可以采用分类法计算产品成本的产品有（   ）。

    A．品种、规格、型号繁多的产品

    B．品种、规格、型号繁多，但可以按照规定标准进行分类的产品

    C．品种、规格、型号繁多，但不能按照规定标准进行分类的产品

    D．联产品

    E．副产品

3．采用分类法计算产品成本的优点有（   ）。

    A．可以简化成本计算工作

    B．在产品品种、规格繁多的情况下，分类掌握产品成本的水平

    C．计算结果更正确

    D．分配结果更合理

    E．有利于成本的日常控制

4．某类产品有甲、乙和丙三种产品，材料消耗定额分别为 9 千克、12 千克和 15 千克，若以乙产品为标准产品，则各产品的材料系数为（   ）。

    A．甲产品 1.33　 B．甲产品 0.75　　　C．甲产品 1.25　 D．甲产品 10.8

5．定额法是（　　）。

　　A．为了加强定额管理和成本控制而采用的方法

　　B．在生产费用发生的当时就揭示差异的方法

　　C．在定额成本的基础上加减各种差异，计算产品实际成本的方法

　　D．能够及时反映、监督生产费用和产品成本脱离定额的差异的方法

　　E．及时揭示差异，以便分析和控制的方法

6．直接材料脱离定额差异（　　）。

　　A．正数是实际消耗量大于定额消耗量的超支差异

　　B．正数是实际消耗量小于定额消耗量的超支差异

　　C．负数是实际消耗量大于定额消耗量的超支差异

　　D．负数是实际消耗量小于定额消耗量的超支差异

　　E．负数是实际消耗量小于定额消耗量的节约差异

7．脱离定额差异包括（　　）。

　　A．直接材料脱离定额差异

　　B．材料成本超支差异

　　C．材料成本节约差异

　　D．直接人工脱离定额差异

　　E．制造费用脱离定额差异

8．某产品应分配的直接材料成本差异是（　　）。

　　A．材料实际消耗量乘以材料计划单价，再乘以材料成本差异率

　　B．材料定额消耗量乘以材料计划单价，再乘以材料成本差异率

　　C．材料定额费用乘以材料成本差异率

　　D．材料定额成本与脱离定额差异之和，乘以材料成本差异率

　　E．按计划价格反映的材料费用乘以材料成本差异率

9．采用定额法时，当消耗定额降低以后，可能引起（　　）。

　　A．月初在产品定额成本减少

　　B．月初在产品定额变动差异增加

　　C．月初在产品定额成本及定额变动差异都减少

　　D．月初在产品定额成本及定额变动差异都增加

　　E．月初在产品成本与本月发生费用之和不变

10. 下列各项中，影响定额变动差异的因素有（　　）。

    A．生产技术改进

    B．产品所用材料变化

    C．劳动生产率提高

    D．修订了消耗定额

    E．修订了计划价格

11. 按照系数比例分配同类产品内各种产品成本的方法是（　　）。

    A．一种基本的成本计算方法

    B．分类法的一种

    C．划分完工产品与月末在产品成本的一种方法

    D．一种简化的分类法

12. 采用分类法时，同类产品内各种产品成本可以按照分配确定的依据是（　　）。

    A．定额消耗量　　　　　　　　B．定额费用

    C．总系数　　　　　　　　　　D．售价和产品的体积、重量、长度

三、判断题（正确的请在括号内打上"√"，错误的打上"×"）

（　　）1．分类法不是产品成本计算的基本方法，它与企业生产类型没有直接联系。

（　　）2．只要产品品种、规格繁多，就可以采用分类法计算产品成本。

（　　）3．分类法适用于产品品种、规格繁多，但可以按照一定的标准进行分类的产品生产。

（　　）4．分类法不需要按产品品种计算成本，所以能够简化成本核算工作。

（　　）5．分类法是以产品类别作为成本计算对象的一种产品成本计算的基本方法。

（　　）6．采用分类法算出的类内各种产品的成本，具有一定的假定性。

（　　）7．分类法和品种法、分步法结合使用时，成本计算应定期进行。

（　　）8．系数分配法的关键是合理确定系数，系数一经确定之后，在一定时期内应稳定不变。

（　　）9．定额法不是一种独立的基本成本计算法，应在品种法、分批法和分步法的基础上进行。

（　　）10．产品成本计算的定额法，是为了及时反映和监督产品成本脱离定额成本的差异，配合和加强定额管理而采用的一种成本计算方法。

（　　）11．定额法以产品的定额作为成本计算对象。

（　　）12．定额法与产品的生产类型没有直接联系，无论哪种类型的生产，都可以采用定额法计算产品成本。

（　　）13．采用定额法时，必须事先制订产品的消耗定额和费用定额。

（　　）14．在定额法下，直接材料定额成本等于产品材料实际消耗量乘以材料计划单价。

（　　）15．直接材料脱离定额差异是按计划单价反映的直接材料的数量差异。

（　　）16．采用定额法时，产品应负担的材料成本差异为该产品的直接材料定额成本与直接材料成本差异率的乘积。

（　　）17．定额变动差异是定额本身变动的结果，它与生产过程中料、工、费的超支或节约没有关系。

（　　）18．采用定额法时，定额变动差异是由于修订消耗定额或生产耗费的计划价格而产生的新旧定额之间的差额。

（　　）19．采用定额法时，若是定额降低，则减少了月初在产品的定额成本，增加了本月定额变动差异；若是定额提高，则提高了月初在产品的定额成本，减少了本月定额变动差异。

（　　）20．采用定额法时，产品实际成本为产品定额成本与脱离定额差异、材料成本差异、定额变动差异的代数和。

四、实务操作题

【案例一】某企业生产甲产品需耗用 A、B 两种材料，单位产品直接材料定额消耗量分别为耗用 A 材料 8 千克，每千克材料计划价格为 12.5 元；耗用 B 材料 10 千克，每千克材料计划价格为 9.5 元。

要求：计算甲产品单位直接材料定额成本。

【案例二】某企业生产甲产品，该产品由两个 A 零件和三个 B 零件组成。A、B 零件加工工序和各工序工时定额如表 8-3 所示。

表 8-3　A、B 零件加工工序和工时定额

A 零件		B 零件	
工序	工时定额/小时	工序	工时定额/小时
1	1.5	1	1
2	2.5	2	3
3	4	3	6.5
4	6	4	7.5

其中，每小时计划工资率为 5.5 元，每小时计划制造费用率为 7.5 元。

要求：计算甲产品单件直接人工费用、制造费用定额成本。

【案例三】某车间生产乙产品，限额领料单规定的产品数量为 2 000 件，每件产品的直接材料消耗定额为 6 千克，领料限额为 12 000 千克，本月实际领料 11 600 千克。该车间期初结存材料 200 千克，期末结存材料 240 千克，每千克材料计划单价为 7.8 元。

要求：计算乙产品直接材料脱离定额差异。

【案例四】某企业生产丙产品本月所耗原材料定额成本为 58 608 元，材料脱离定额差异为超支 792 元，材料成本差异率为−1%。

要求：计算丙产品应分配的材料成本差异。

【**案例五**】某企业生产甲产品的一些零件，从本月 1 日起实行新的原材料消耗定额，单位产品旧的材料消耗定额为 60 元，新的材料消耗定额为 54 元。该产品月初在产按旧定额计算的材料定额成本为 43 200 元。

要求：计算甲产品月初在产品定额变动差异。

【**案例六**】某企业乙产品月初在产品数量为 100 件，原材料定额成本为 15 千克/件，单价 10 元/千克。本月份修订定额为 14 千克/件，单价 10.20 元/千克。本月产量为 300 件，耗用原材料共 4 000 千克。

要求：（1）计算乙产品直接材料定额成本。

（2）计算乙产品直接材料脱离定额差异。

（3）计算乙产品月初在产品直接材料定额变动差异。

项目九

成本报表的编制与分析

一、单选题（每题只有一个正确答案）

1. 成本报表属于（　　）。
   - A. 外部报表
   - B. 内部报表
   - C. 既是内部又是外部报表
   - D. 非内部也非外部报表

2. 下列不属于成本报表特点的是（　　）。
   - A. 为企业内部经营管理的需要而编制的
   - B. 提供的成本信息反映企业各方面的工作质量
   - C. 编制的时间、种类、格式、项目和内容等更具有灵活性
   - D. 可对企业成本工作进行评价

3. 按成本报表反映的经济内容分类可分为（　　）。
   - A. 年报
   - B. 全厂成本报表
   - C. 真实准确的数据资料
   - D. 产品成本类报表

4. 下列属于产品生产成本表补充资料的项目是（　　）。
   - A. 产品名称
   - B. 实际产量
   - C. 可比产品实际成本降低额
   - D. 本月总成本

5. 下列属于产品生产成本表正表的项目是（　　）。
   - A. 产品名称
   - B. 本年计划成本降低率
   - C. 可比产品实际成本降低额
   - D. 可比产品实际成本降低率

6. 下列属于主要产品单位成本表项目的是（　　）。
   - A. 产品名称
   - B. 主要技术经济指标
   - C. 总成本
   - D. 产品实际成本降低额

7. 影响可比产品成本的三个主要因素中，下列哪个因素的变动不会影响成本降低率的变动（　　）。

　　A. 产品产量　　　B. 产品品种结构　　　C. 产品单位成本　　D. 产品总成本

8. 若可比产品实际的成本降低额和降低率等于或大于计划水平，则说明（　　）。

　　A. 完成了任务　　　　　　　　B. 超额完成了任务

　　C. 完成或超额完成了任务　　　D. 没有完成计划降低任务

9. 成本报表分析属于（　　）。

　　A. 事前分析　　　B. 事中分析　　　C. 事后分析　　　D. 不定期分析

10. 下列成本报表中，可以分析各项费用的构成和增减变动情况的是（　　）。

　　A. 生产成本表　　　　　　　　B. 主要产品单位成本表

　　C. 制造费用明细表　　　　　　D. 可比产品成本表

11. 下列不属于成本报表分析方法的是（　　）。

　　A. 增减法　　　B. 对比分析法　　　C. 比率分析法　　　D. 差额分析法

12. 下列分析法中，可以观察、比较企业成本效益水平高低的是（　　）。

　　A. 对比分析法　　　　　　　　B. 相关比率分析法

　　C. 比率分析法　　　　　　　　D. 构成比率分析法

13. 下列分析法中，可以观察企业成本构成内容及其变化的是（　　）。

　　A. 对比分析法　　　　　　　　B. 相关比率分析法

　　C. 比率分析法　　　　　　　　D. 构成比率分析法

14. 对主要产品单位成本表进行成本项目分析时，分析的重点是（　　）。

　　A. 直接材料项目　　　　　　　B. 直接人工项目

　　C. 制造费用项目　　　　　　　D. 期间费用项目

15. 下列不属于对主要产品单位成本表分析的成本项目的是（　　）。

　　A. 直接材料项目　　　　　　　B. 直接人工项目

　　C. 制造费用项目　　　　　　　D. 期间费用项目

二、多选题（每题有两个或两个以上正确答案）

1. 成本报表按其反映的经济内容可分为（　　）。

　　A. 产品成本类报表　　　　　　B. 费用类报表

　　C. 其他生产经营情况的报表　　D. 车间成本报表

2．成本报表编制的要求有（　　）。

    A．遵循相关的法律法规制度   B．数字真实

    C．内容完整   D．编报及时

3．编制成本报表应遵循的依据有（　　）。

    A．相关的法律法规制度   B．企业内部管理要求

    C．真实准确的数据资料   D．企业相关统计资料和其他资料

4．产品生产成本表由（　　）组成。

    A．单位成本   B．总成本   C．报表正表   D．补充资料

5．主要产品单位成本表按产品品种可分别设置为（　　）。

    A．产量   B．单位成本

    C．主要技术经济指标   D．本年累计实际

6．制造费用明细表一般按照制造费用的明细项目可分别反映的项目是（　　）。

    A．本年计划数   B．上年同期实际数

    C．本月实际数   D．本年累计实际数

7．对成本报表的分析方法通常包括（　　）。

    A．对比分析法   B．比率分析法

    C．连环替代分析法   D．差额分析法

8．产品生产成本表的补充资料包括（　　）。

    A．可比产品成本   B．不可比产品成本

    C．可比产品成本降低额   D．可比产品成本降低率

9．对产品单位成本表分析的主要成本项目有（　　）。

    A．直接材料项目   B．直接人工项目

    C．制造费用项目   D．期间费用项目

10．影响可比产品成本的三个主要因素中，下列因素会影响成本降低率变动的是（　　）。

    A．产品产量   B．产品品种结构

    C．产品单位成本   D．产品总成本

11．成本报表分析法中的比率分析法通常包括（　　）。

    A．相关比率分析法   B．构成比率分析法

    C．形成分析法   D．对比分析法

12．对产品生产成本表进行分析，一般包括（　　）。

　　A．可比产品成本计划完成情况分析

　　B．全部产品成本计划完成情况分析

　　C．可比产品成本计划降低任务完成情况分析

　　D．不可比产品成本计划完成情况分析

13．下列不属于主要产品单位成本表中项目的有（　　）。

　　A．产品名称　　　　　　　　　　B．主要技术经济指标

　　C．总成本　　　　　　　　　　　D．产品实际成本降低额

14．下列不属于产品生产成本表补充资料的有（　　）。

　　A．产品名称　　　　　　　　　　B．实际产量

　　C．可比产品实际成本降低额　　　D．本月总成本

15．若可比产品实际的成本降低额和降低率等于或大于计划水平，则说明（　　）。

　　A．完成了任务　　　　　　　　　B．超额完成了任务

　　C．介于完成与未完成之间　　　　D．没有完成计划降低任务

三、判断题（正确的请在括号内打上"√"，错误的打上"×"）

（　　）1．成本表属于内部报表，由于其反映的内容属于商业机密，所以不对外公开和报送。

（　　）2．成本表提供的信息可以综合反映企业经营管理工作的质量和管理水平的好坏。

（　　）3．成本表需要定期编制。

（　　）4．产品生产成本表是反映企业在一定时期内生产的部分产品的总成本和各种主要产品单位成本的会计报表。

（　　）5．制造费用明细表是反映企业在一定时期内发生的全部制造费用及其构成情况的报表。

（　　）6．主要产品是指企业经常生产，在企业中全部产品中所占比重不大，但能够概括反映企业生产经营面貌的那些产品。

（　　）7．主要产品单位成本表是反映企业一定时期内主要产品单位成本水平、变动情况、构成情况，以及主要技术经济指标执行情况的成本报表。

（　　）8．成本报表分析属于事前分析。

（　　）9．若可比产品实际的成本降低额和降低率等于或大于计划水平，则说明

完成或超额完成了任务；反之，则说明没有完成任务。

（　　）10．影响可比产品成本的三个主要因素中，产品品种结构变动和产品单位成本变动会影响成本降低率的变动，而产品产量、产品品种结构和产品单位成本的变动均会影响成本降低额的变动。

（　　）11．直接材料成本项目分析是产品单位成本分析的唯一方法。

（　　）12．成本报表的种类、格式、项目、指标的设计和编制方法、编报日期、具体报送对象等，国家都不做统一规定，由企业根据自身的特点及管理的需要而定。

（　　）13．利用主要产品单位成本表可以定期、总括地考核和分析企业全部产品和各种主要产品成本计划的完成情况。

（　　）14．不可比产品是指企业过去曾经正式生产过，且有完整的成本资料可以进行比较的产品。

（　　）15．主要产品单位成本表是产品生产成本表的补充报表。

（　　）16．如果需要，可以根据制造费用的分月计划，在制造费用明细表中加列本月计划数项目。

（　　）17．构成比率分析法是指某项经济指标的各个组成部分占总体比重的一种分析方法。

（　　）18．连环替代分析法是指用来计算几个不相关因素对综合经济指标变动影响程度的一种分析方法。

（　　）19．差额分析法由于计算简便，所以应用比较广泛，特别是在影响因素只有两个时更为适用。

（　　）20．直接人工成本项目的分析，必须结合不同的工资制度和生产工人的工资分配方法来进行。

四、实务操作题

【案例一】2021年12月，方立科技有限公司生产甲、乙和丙三种产品。其中，甲产品和乙产品为可比产品，丙产品为不可比产品。可比产品全年计划成本降低率为2.35%。甲、乙和丙三种产品的销售单价分别为650元/台、620元/台和660元/台。已知该公司的经济资料如下。

资料一：该公司各种产品单位成本资料如表9-1所示。

表 9-1　各种产品单位成本资料

单位：元

成本项目	历史先进水平		上年实际平均		本年计划		
	甲产品	乙产品	甲产品	乙产品	甲产品	乙产品	丙产品
直接材料	210	175	225	185	220	180	235
直接人工	45	32	50	40	45	35	50
制造费用	46	28	45	30	50	25	35
合计	301	235	320	255	315	240	320

资料二：该公司 1—11 月各种产品产量、总成本和平均单位成本资料如表 9-2 所示。

表 9-2　1—11 月各种产品产量、总成本和平均单位成本资料

成本项目	甲产品累计产量 380 台		乙产品累计产量 340 台		丙产品累计产量 170 台	
	累计总成本/元	平均单位成本 /（元·台$^{-1}$）	累计总成本/元	平均单位成本 /（元·台$^{-1}$）	累计总成本/元	平均单位成本 /（元·台$^{-1}$）
直接材料	81 890	215.50	61 370	180.50	39 185	230.50
直接人工	19 570	51.50	13 090	38.50	8 925	52.50
制造费用	17 290	45.50	10 030	29.50	6 205	36.50
合计	118 750	312.50	84 490	248.50	54 315	319.50

资料三：该公司 12 月份各种产品产量、总成本和单位成本资料如表 9-3 所示。

表 9-3　12 月份各种产品产量、总成本和单位成本资料

成本项目	甲产品累计产量 35 台		乙产品累计产量 30 台		丙产品累计产量 15 台	
	总成本/元	单位成本 /（元·台$^{-1}$）	总成本/元	单位成本 /（元·台$^{-1}$）	总成本/元	单位成本 /（元·台$^{-1}$）
直接材料	7 367.50	210.50	5 475	182.50	3 450	230
直接人工	1 767.50	50.50	1 215	40.50	780	52
制造费用	1 522.50	43.50	915	30.50	600	40
合计	10 657.50	304.50	7 605	253.50	4 830	322

要求：根据上述资料编制该公司 2021 年 12 月份的产品生产成本表（见表 9-4），并附补充资料的计算过程。

表 9-4　产品生产成本表

编制单位：　　　　　　　　　　　　　　　　年　月

产品名称	规格	计量单位	实际产量		单位成本				本月总成本			本年累计总成本		
			本月	本年累计	上年实际平均	本年计划	本月实际	本年累计实际平均	按上年实际平均单位成本计算	按本年计划单位成本计算	本月实际	按上年实际平均单位成本计算	按本年计划单位成本计算	本年实际
			(1)	(2)	(3)	(4)	(5)=(9)÷(1)	(6)=(12)÷(2)	(7)=(1)×(3)	(8)=(1)×(4)	(9)	(10)=(2)×(3)	(11)=(2)×(4)	(12)
可比产品合计	×	×	×	×	×	×	×	×						
其中甲产品														
乙产品														
不可比产品合计	×	×	×	×	×	×	×	×	×					
其中丙产品									×			×		
全部产品生产成本	×	×	×	×	×	×	×	×				×		

补充资料（本年累计实际数）：

①可比产品成本降低额：＿＿＿＿＿＿＿

②可比产品成本降低率：＿＿＿＿＿，（本年计划成本降低率：＿＿＿＿＿＿）

附：补充资料的计算：

①可比产品实际成本降低额＝

②可比产品实际成本降低率＝

【案例二】接"案例一"的资料，方立科技有限公司 2021 年 12 月份还提供以下补充资料。

资料一：该公司各种产品 2021 年主要技术经济指标如表 9-5 所示。

表 9-5 各种产品 2021 年主要技术经济指标

项目	产品	历史先进水平	上年实际平均	本年计划	本月实际	本年累计实际平均
单位产品材料物耗		×	×	×	×	×
1. A 材料/（元·件⁻¹)	甲	105	110	106	103	108
2. B 材料/（元·件⁻¹)		80	82	85	82	83
3. C 材料/（元·件⁻¹)	乙	65	73	66	66.6	65.5
4. D 材料/（元·件⁻¹)	丙			26	25.8	25.5
单位产品耗用工时/（小时·件⁻¹)	甲	3.8	4.2	4.5	4.4	4.3
	乙	3.5	4	3.6	3.8	3.6
	丙	×	×	6	5.9	6.2

资料二：该公司各种产品 2021 年度计划产量如表 9-6 所示。

表 9-6 各种产品 2021 年度计划产量

单位：台

产品	甲	乙	丙
计划产量	420	372	180

要求：根据所提供的资料，编制该公司甲产品单位成本表（见表 9-7）。

表 9-7 主要产品单位成本表

年 月

产品名称： 计量单位： 本月计划产量： 本月实际产量：
产品规格： 单位售价： 本年累计计划产量： 本年实际累计产量：

成本项目	行次	历史先进水平	上年实际平均	本年计划	本月实际	本年累计实际平均
直接材料/元						
直接人工/元						
制造费用/元						
单位产品成本/（元·台⁻¹)						
主要经济技术指标		×	×	×	×	×
单位产品物耗		×	×	×	×	×
1. A 材料/（元·台⁻¹)						
2. B 材料/（元·台⁻¹)						
单位产品耗用工时/（小时·台⁻¹)						

【案例三】2021 年 12 月，方立科技有限公司提供以下资料。

资料一：该公司 2021 年制造费用月度计划和上年同期实际资料如表 9-8 所示。

表 9-8　2021 年制造费用月度计划和上年同期实际资料

单位：元

项目	职工薪酬	折旧费	办公费	水电费	机物料消耗	低值易耗品摊销	劳动保护费	租赁费	运输费	保险费	实验检验费	其他	合计
本年各月计划	1400	1 200	500	200	400	200	1 500	580	500	270	200	120	7 070
上年同期实际	1 200	1 000	600	240	420	180	1 400	500	600	250	300	200	6 890

资料二：该公司 2021 年 1—11 月份制造费用累计实际资料如表 9-9 所示。

表 9-9　2021 年 1—11 月份制造费用累计实际资料

单位：元

项目	职工薪酬	折旧费	办公费	水电费	机物料消耗	低值易耗品摊销	劳动保护费	租赁费	运输费	保险费	实验检验费	其他	合计
本年累计实际	13 400	14 200	5 800	2 500	3 800	2 200	17 500	5 580	6 100	4 900	3 200	2 520	81 700

资料三：该公司 2021 年 12 月份制造费用实际资料如表 9-10 所示。

表 9-10　2021 年 12 月份制造费用实际资料

单位：元

项目	职工薪酬	折旧费	办公费	水电费	机物料消耗	低值易耗品摊销	劳动保护费	租赁费	运输费	保险费	实验检验费	其他	合计
本月实际	1 800	1 200	850	320	450	380	2 200	600	480	270	320	300	9 170

要求：根据所提供的资料，编制该公司 2021 年 12 月的制造费用明细表（见表 9-11）。

前　言

本书是为适应财政部 2014 年全面修订的《会计从业资格考试大纲》对会计电算化科目考试大纲的调整与变化，为会计从业资格"全国统一题库"的考试而编写的，用于满足会计电算化科目的教学使用。

根据财政部办公厅 2014 年 4 月《关于印发会计从业资格考试大纲（修订）的通知》（财办会〔2014〕13 号）的要求，2014 年 10 月 1 日起全国各地开始采用按新大纲要求的题库。各地考虑新旧大纲交替衔接问题，会有一定的过渡期，但最晚一般在 2015 年下半年都会使用新大纲题库。

《初级会计电算化》科目考试有理论与实操两部分。理论部分有单选题、多选题、判断题，实操部分有财务软件操作与 Excel 软件操作。其中财务软件操作部分为解决原来考试中各地使用不同财务软件的问题，财政部专门开发了一套专用于考试的软件。因此本书第三章会计软件的应用的操作示例采用财政部的考试软件，同时为兼顾理论部分的考试需要，知识点按实际的财务软件用友 T3 编写。为了使教师在教学时突出重点，学生在学习时简单易行、事半功倍，本书在编写时着重突出以下几点。

1．体系完整，突出考点

本书改变了其他教材重操作、轻理论的问题，精心梳理出考试大纲里涉及的所有考点，并进行了详细的解读。

2．精选习题，详尽解析

每个考点后面都附有考试真题，每一章后面均有考点强化训练，并附有详细的答案解析，便于学生学习。

3．图文并茂，强化记忆

理论知识部分的考点主要以知识点概括的形式呈现，操作部分以图文方式呈现，一目了然，便于强化记忆，使考生经过学习能顺利通过考试。

本套丛书由无锡城市职业技术学院林云刚主编。本书由无锡城市职业技术学院胡挺峰主编，孙雪娟、沈国兴担任副主编。其中第一、二章由孙雪娟编写，第三章由胡挺峰编写，第四章由沈国兴编写。

本书的执笔教师都有多年从事会计电算化考试辅导的经验，在编写过程中结合了自身的成功经验，能使考生在学习过程中少走弯路，使更多的考生通过考试。

由于编者水平有限，书中不足之处在所难免，敬请广大读者批评指正。

编　者